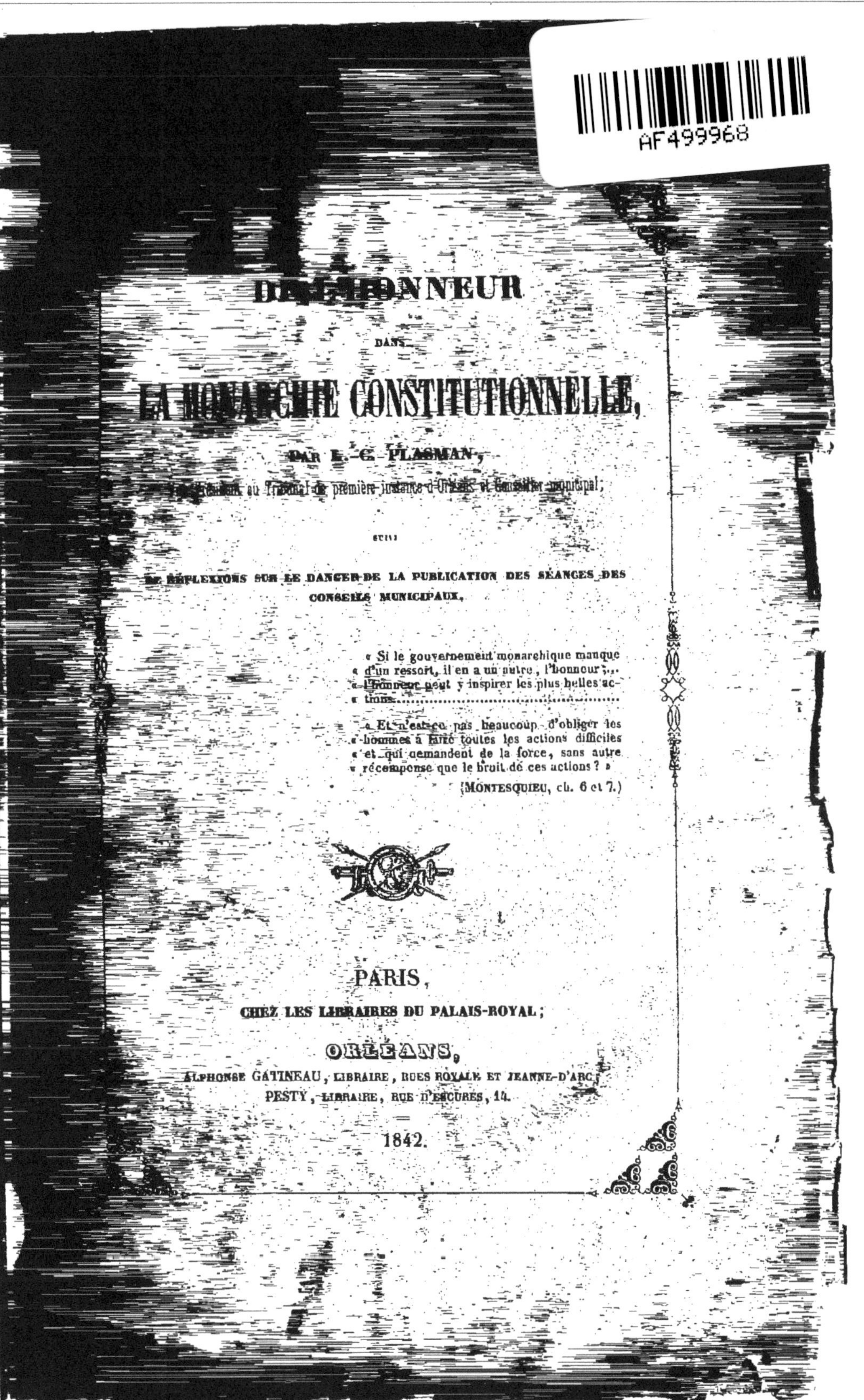

DE L'HONNEUR

DANS

LA MONARCHIE CONSTITUTIONNELLE,

PAR L.-C. PLASMAN,

Vice-président au Tribunal de première instance d'Orléans et Conseiller municipal;

SUIVI

DE RÉFLEXIONS SUR LE DANGER DE LA PUBLICATION DES SÉANCES DES CONSEILS MUNICIPAUX.

> « Si le gouvernement monarchique manque
> « d'un ressort, il en a un autre, l'honneur;..
> « l'honneur peut y inspirer les plus belles ac-
> « tions..
>
> « Et n'est-ce pas beaucoup d'obliger les
> « hommes à faire toutes les actions difficiles
> « et qui demandent de la force, sans autre
> « récompense que le bruit de ces actions? »
>
> (MONTESQUIEU, ch. 6 et 7.)

PARIS,

CHEZ LES LIBRAIRES DU PALAIS-ROYAL;

ORLÉANS,

ALPHONSE GATINEAU, LIBRAIRE, RUES ROYALE ET JEANNE-D'ARC;

PESTY, LIBRAIRE, RUE D'ESCURES, 14.

1842.

DE L'HONNEUR

DANS LA MONARCHIE

CONSTITUTIONNELLE.

DE L'HONNEUR

DANS

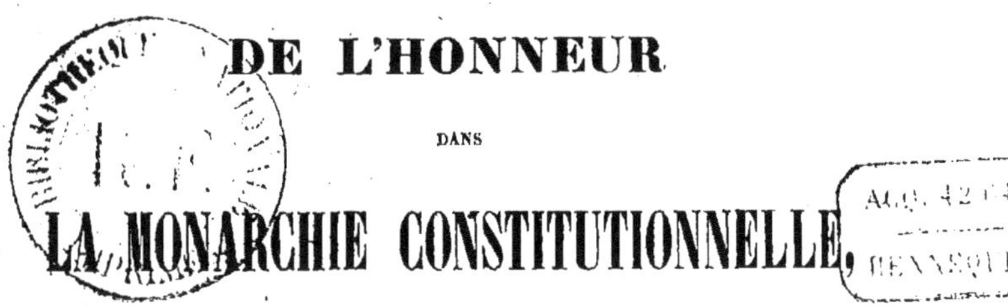

LA MONARCHIE CONSTITUTIONNELLE,

PAR L.-C. PLASMAN,

Vice-Président au Tribunal de première instance d'Orléans et Conseiller municipal;

SUIVI

DE RÉFLEXIONS SUR LE DANGER DE LA PUBLICATION DES SÉANCES DES CONSEILS MUNICIPAUX.

« Si le gouvernement monarchique manque
« d'un ressort, il en a un autre, l'honneur;...
« l'honneur peut y inspirer les plus belles ac-
« tions..

« Et n'est-ce pas beaucoup d'obliger les
« hommes à faire toutes les actions difficiles
« et qui demandent de la force, sans autre
« récompense que le bruit de ces actions? »

(MONTESQUIEU, ch. 6 et 7.)

PARIS,

CHEZ LES LIBRAIRES DU PALAIS-ROYAL;

ORLÉANS,

ALPHONSE GATINEAU, LIBRAIRE, RUES ROYALE ET JEANNE-D'ARC;
PESTY, LIBRAIRE, RUE D'ESCURES, 14.

1842.

ORLÉANS, IMPRIMERIE D'A. JACOB, RUE BOURGOGNE-SAINT-SAUVEUR, 34.

J'ai fait imprimer en 1833 une petite brochure (soixante pages), dans laquelle, après avoir tracé le tableau de la société en France, je réclamais, comme nécessités politiques, l'hérédité de la pairie et l'adjonction des capacités au système électoral. Je n'ai fait annoncer cette brochure, destinée à quelques amis, par aucun des journaux de la capitale. Mais, sauf ces deux questions, de la Pairie et des Capacités, l'ouvrage que je fais paraître n'a aucune ressemblance avec la brochure dont je viens de parler.

Je présente cette observation pour qu'on ne croie pas que ce que je publie aujourd'hui n'est qu'une seconde édition; je puis dire que c'est un ouvrage tout nouveau, malgré les rapports qu'il a avec le précédent.

On pourra lire, à la fin de l'ouvrage, des questions concernant le droit de visite, et qui n'ont encore été traitées, je crois, par aucun orateur des deux chambres ni par aucun publiciste.

ERRATA.

Page 15, ligne 18, *au lieu de :* amour-propre flétri, *lisez :* amour-propre blessé.

Page 42, ligne 21, *au lieu de :* projets de puissance, *lisez :* projets des puissances.

Page 115, ligne 1re, Aucun de vos ancêtres, ô Louis-Philippe, *ajoutez :* ni aucun des rois vos prédécesseurs.

SOMMAIRE.

De l'Honneur dans la Monarchie Constitutionnelle.

Pages.

Quel est le caractère essentiel de la monarchie? Opinion de Montesquieu.......... 2
Altération des anciens principes par l'effet de nos révolutions successives.......... 3
Tendance des divers pouvoirs à absorber les forces monarchiques.......... 4
Abus de la liberté de la presse.......... 5
Le gouvernement constitutionnel n'existe pas seulement dans les trois pouvoirs.......... 7
Opinion de Montesquieu sur l'effet de l'abolition dans quelques États de l'Europe des pouvoirs intermédiaires..... 7
Motifs de la durée du gouvernement constitutionnel en Angleterre.......... 8
Nous avons un roi sans monarchie, et des lois républicaines avec des mœurs monarchiques.......... 9
État de la société en France.......... 10
Impossibilité d'y établir la république.......... 11
Influence des femmes sur le gouvernement.......... 13
De l'amour de l'égalité.......... 14
Le gouvernement doit profiter des vices comme des vertus des citoyens.......... 16
Principes et ressorts du gouvernement monarchique. — De l'honneur. — Opinion de Montesquieu.......... 17
Programme.......... 18

Pages.

Point de noblesse, point de souverain; point de citoyen, point de monarque constitutionnel.................. 19
L'appui du trône est surtout dans les classes moyennes... 20
Dans les gouvernements de liberté, l'aristocratie la plus nombreuse est la meilleure. — Opinion de Montesquieu.... 26
Nécessité d'aristocratiser les classes moyennes........... 28
Moyens à prendre.................................. 29
Avantage du système suivi par Napoléon.............. 30
L'article 62 de la Charte ne doit pas être une lettre morte.. 32
Nécessité de répandre les honneurs et les dignités parmi ceux qui rendent des services de chaque jour au pays... 32
Idée de M. de Fontanes........................... 33
Retentissement des fêtes de juillet pendant quelques années. 34
Fête du roi. — Nécessité de réunir à Paris à cette époque l'élite des classes moyennes de la France............... 35
Règne de Louis XIV et de Louis-Philippe; différence entre les deux époques.............................. 35
De la philosophie gouvernementale.................. 36
Puissance des beaux-arts, de la charité chrétienne, de l'amour de la patrie; Louis XIV, Saint Vincent-de-Paule, Napoléon.. 37
Opinion de Marc-Aurèle sur la manière de gouverner les hommes.. 38
Fautes du ministère en matière de récompenses......... 38
État de la France à l'intérieur et sa position par rapport aux puissances étrangères........................... 39
Coalition des puissances contre nous.................. 41
Une grande puissance doit tenir compte de l'état politique des puissances qui l'avoisinent..................... 43
Nécessité des alliances. — Opinion de Mirabeau......... 43
Influence de nos révolutions et de nos guerres depuis 1789 sur les alliances................................. 45
Nécessité du rétablissement de l'hérédité de la pairie..... 46
Opinion de M. Macarel, conseiller d'État............... 46

Pages.

Opinion de M. le duc Decazes........................ 59
Altération dans l'administration de la justice criminelle produite par la non-hérédité........................ 61
Dangers pour la pairie, pour le pays et pour le prince, résultant de l'établissement de la pairie comme cour de justice........................ 61
Dans quels cas la chambre des pairs en Angleterre se constitue en cour criminelle........................ 63
Avantages de la centralisation. Opinion de M. Cormenin. 64 à 65
Avantages pour la défense du territoire, de l'établissement des chemins de fer. — Opinion de M. Saulnier, ancien préfet du Loiret........................ 66
Erreur de l'opposition qui tend à décentraliser l'administration des communes........................ 67
Dangers de la publication des séances des conseils municipaux........................ 67
Du clergé et les règles d'administration en ce qui le concerne........................ 69
Puissance de la religion chrétienne........................ 70
Nécessité de relever la dignité du culte, surtout dans les campagnes........................ 71
Altération des chants de l'église; influence de la musique sur les idées religieuses........................ 72
De l'éducation de la jeunesse........................ 74
Opinion de Montesquieu sur le mode d'éducation à donner aux enfants dans les monarchies........................ 74
Nécessité de propager l'étude de l'économie politique.... 75
De notre ignorance dans l'art de civiliser les peuples..... 76
Opinion de Say........................ 77
Instruction nécessaire aux magistrats........................ 77
Dangers du séjour de Paris pour les étudiants.......... 78
Caractères et qualités de la magistrature en France....... 79
Faiblesse générale quant à la science du droit, moyen d'y remédier........................ 79

Pages.

Plus un gouvernement a de liberté, plus la magistrature doit être forte 83
Impuissance des ministres sur les nominations, devant l'influence des députés 83
Erreur des avocats dans les moyens qu'ils emploient pour parvenir à sauver les accusés 83
Opinion de M. de La Cuisine, conseiller à Dijon 84
Les avocats cèdent à l'empire de la société et de la loi elle-même 85
Pitié et intérêt de la société pour les grands coupables 86
Fieschi, Lacenaire, Peitel 87
Codes de l'empire renversés par l'art. 463 du Code pénal 88
Le Jury juge sans lois et sans règles, comme dans les états despotiques 88
Opinion de Montesquieu 88
Opinion de Blackstone 89
Nombre des condamnés pour crimes capitaux de 1834 à 1838 89
Nécessité de confier l'application des circonstances atténuantes à la magistrature 90
Trente-deux parricides de 1834-1838 sauvés de la peine capitale par les avocats 91
Protection à accorder aux intérêts d'industrie, d'ordre et d'économie générale 92
Les droits réunis 93
Puissance de l'industrie et des arts en Angleterre, aux États-Unis, même au Brésil 94
La France délibère depuis douze ans sur les chemins de fer 94
Programme, par rapport à notre politique à l'extérieur 96
Opinion de M. Mounier sur l'orgueil légitime d'une nation par rapport aux autres nations 96
Haines soulevées par la modération du pouvoir 97
Diminution dans l'influence politique de la France en Europe 98
Ordonnance à rendre sur l'Algérie 99

Pages.

Avantages de la paix 99
M. Mauguin. — Discours sur les colonies et les avantages qu'elles procurent à l'Angleterre 101
Nouvelle-Bretagne. — Les Deux-Canadas 101
Avantages de la possession de la côte d'Afrique et de l'Algérie 102
Impuissance de l'Angleterre par rapport à l'Algérie 104
Quelles sont les alliances sur lesquelles nous croyons pouvoir compter 105
Nécessité d'une alliance avec la Russie 106
Jamais d'alliance avec l'Angleterre.—Motifs 107
Germes de discorde qu'elle a déposés dans tous les traités depuis 1814 110
Extrait de l'ouvrage de M. de Paoly-Chagny, sur la politique des puissances de l'Europe 110
Droit de visite 111
M. Berryer; — Discours 111
Principes de la France.—Mers libres, vaisseaux libres, marchandises libres 112
Refus de Henri IV de consentir au droit de visite 112
Refus de M. de Talleyrand, de Louis XVIII, de M. de Châteaubriand 113
La convention de 1831 est excusable 113
Le nouveau traité embrasse toutes les mers. — M. Berryer; —Discours 114
Aucun des ancêtres ou des prédécesseurs de Louis-Philppe n'ont consenti au droit de visite 114
Le droit de visite est une violation de la liberté, de l'égalité qui doit toujours régner entre les peuples, de la propriété, et du domicile du citoyen 115
La réciprocité n'empêche pas la violation de ces principes. 116
Lorsqu'une alliance porte atteinte à la propriété, au domicile du citoyen, et altère le droit des gens, le traité ne doit-il pas être soumis à la sanction des pouvoirs constitutionnels? . 117
Résumé 123

Du danger de la publication des débats des séances des Conseils municipaux.

Pages.

Qu'est-ce qu'un conseil municipal?.................. 129
La politique ne doit pas entrer dans le conseil.......... 130
Opinion de M. Mounier............................ 133
Opinion de M. Gaillard de Kerbertin................. 134
La publicité dangereuse, suivant le rapporteur de la loi, si elle est d'un usage constant et habituel.............. 138
L'amour de la publicité égare les conseillers............ 139
Examen de l'art. 29 de la loi de 1839................. 140
L'action en diffamation est une ressource illusoire contre les attaques et les mensonges de la presse............. 141
Les conseils ne peuvent recourir qu'à une publication officielle des procès-verbaux, pour détruire l'effet désastreux des publications non officielles..................... 144

DE L'HONNEUR

DANS

LA MONARCHIE

CONSTITUTIONNELLE.

Il y a plus d'un demi-siècle que nous sommes en révolution, et la France n'est pas encore fixée sur la nature du gouvernement qui lui convient et sur les éléments dont il doit se composer ! Telle est la pensée qui revenait sans cesse à mon esprit dans un de ces moments de rêverie politique que l'on éprouve si fréquemment depuis 1830 ; et au milieu de ce travail de l'imagination qui se fatigue et se complaît cependant quelquefois à chercher les moyens de résoudre des problèmes regardés comme insolubles, je me disais :

Cette situation flottante de la chose publique, cette désaffection générale dont sont frappés successivement tous ceux qui tiennent les rênes de l'État, cette haine politique entre des hommes d'un même pays, d'une même famille; cette guerre sourde de deux nations dans une seule, naguère si forte, si puissante par son union, de deux nations prêtes à s'égorger dans le sein de la même mère, lorsque les événements politiques et les combinaisons des partis leur offriront quelques chances de succès; tout ce mal ne proviendrait-il pas des vices de notre organisation politique? n'aurions-nous pas un roi sans monarchie, et des lois républicaines avec des mœurs monarchiques? Et alors j'ai interrogé les publicistes, je leur ai demandé : Qu'est-ce qu'une monarchie? et l'un d'eux, dont l'autorité est imposante, et qui a la parole brève et profonde comme ces oracles des temps anciens, répondit ainsi à ma question:

« Des pouvoirs intermédiaires, subordonnés et dépen« dants, constituent la nature du gouvernement monar« chique, c'est-à-dire de celui où un seul gouverne par des « lois fondamentales. J'ai dit des pouvoirs subordonnés et « dépendants; en effet, dans la monarchie, le prince est « la source de tout pouvoir politique et civil; ces lois fon« damentales supposent nécessairement des canaux moyens « par où coule la puissance; car s'il n'y a dans l'État que « la volonté momentanée et capricieuse d'un chef, rien « ne peut être fixe, et par conséquent aucune loi fonda« mentale; le pouvoir intermédiaire subordonné le plus « naturel est celui de la noblesse; elle entre en quelque « sorte dans l'essence de la monarchie, dont la maxime « fondamentale est : Point de monarque point de noblesse, « point de noblesse, point de monarque. » (Montesquieu) (1).

Ces caractères constitutifs de l'ancienne monarchie, que

(1) Comme dans le commencement de cet ouvrage je cite souvent Montesquieu, il est nécessaire, aujourd'hui surtout, de rappeler cette pensée de M. Royer-Collard :

« Je fais cas, dit-il, de l'élément aristocratique dans la composition d'un gouvernement, et je subis volontiers le ridicule de citer à l'appui de cette opinion les noms surannés de Cicéron, de Tacite, de Montesquieu. » (Royer-Collard, *Discours sur la pairie.*)

le torrent de la république française avait entraînés, mais dont le génie de Napoléon s'était habilement ressaisi, ont été gravement altérés en 1814; et cette altération dans les principes est bientôt devenue une révolution complète par la puissance des faits.

Aujourd'hui, il y a des pouvoirs égaux à celui du monarque, des pouvoirs non dépendants; il existe même, pour le cas de la violation du pacte juré, un pouvoir supérieur, immense, et dont il faudrait que le peuple perdît pour long-temps, pour toujours peut-être, le souvenir; car, si je m'incline un instant devant sa souveraineté comme principe, je ne reconnais pas aussi bien les avantages qu'elle procure à l'humanité.

Du moment où le prince, par la force du droit, n'a plus été la source de tous les pouvoirs, il a vu décroître son influence politique, et chaque jour la puissance publique s'échappe de ses mains, chaque jour voit s'augmenter celle du peuple et de ceux qui le représentent. Peut-il en être autrement? Le peuple dicte ses volontés par la presse, et ses mandataires les mettent successivement en action par les lois.

Il est vrai que la constitution ne permet pas aux députés de faire exécuter les lois qu'ils ont votées, et, sous ce rapport, elle semble revenir vers le principe monarchique; mais ce n'est qu'un prisme trompeur, et dans l'usage il en est tout autrement; car aussitôt que les députés croient reconnaître que les ministres du chef de l'État ne font pas exécuter les lois de la manière qui leur convient, ils les privent de leurs votes, et alors les ministres tombent pour faire place à d'autres qui sont obligés de marcher d'après la volonté de la majorité, et non d'après celle du prince;

et si l'on objecte que dans une monarchie constitutionnelle il faut bien que la puissance législative ait la faculté d'examiner de quelle manière les lois qu'elle a faites reçoivent leur exécution, je réponds que, dans l'espace de cinquante ans, elle ne s'est pas bornée à examiner comment on avait exécuté les lois; quoique toutes les constitutions lui dénient le droit de juger la conduite de celui qui fait exécuter, elle a néanmoins prononcé la déchéance de trois rois, de Louis XVI, de Napoléon et de Charles X, tant la puissance populaire, ou, si l'on veut, ses mandataires, agissant sous son influence, ont une tendance à envahir et à absorber les forces monarchiques de l'État. Aussi je m'étonne toujours d'entendre les partisans de la république s'élever contre les deux chambres: n'ont-elles pas cédé à presque toutes les volontés populaires?

En 93, la nation disait: Plus de roi! ses représentants ont condamné Louis XVI à mort, et l'ont fait exécuter sur une place publique.

En 1814, quelques nobles, profitant de l'accablement du peuple, crient : *A bas Napoléon! Vive Louis XVIII!* et le sénat, et les députés de répéter en chœur : *Vive Louis XVIII!*

En 1830, le ministère viole les lois, le peuple reconduit Charles X aux frontières, et la chambre proclame aussitôt Louis-Philippe; cependant, dans le droit, les ministres seuls devaient tomber. Louis XVI, Charles X, Napoléon, étaient inviolables et sacrés.

Montesquieu ajoute : « Point de noblesse, point de monarque. » En France, il n'y a plus de noblesse; il y a bien quelques nobles épars sur l'étendue du territoire, et quelques individus qui se prétendent tels; mais aucun principe ne les attache, ne les relie en un tout; il n'y a plus de corps composant une noblesse, se mouvant, se levant comme un seul homme à la voix du souverain; la noblesse est même hostile au prince; il ne reste donc aucune force sur laquelle il puisse s'appuyer; on a fait table rase autour de lui.

Nous parlons des pouvoirs indépendants du chef de l'État, et ne faut-il pas encore faire entrer en ligne la liberté de la presse, cette puissance inconnue de nos pères, et devant laquelle tout s'abaisse et se flétrit, jusqu'à la majesté du temple de la justice; cette puissance, qui est presque la souveraineté du peuple, mise habilement en action journalière et légale, et qui, tantôt par ambition, tantôt par un vil intérêt, tantôt par amour du bien public, miroir fidèle de toutes les bonnes et mauvaises passions, saisit le monarque corps à corps malgré son inviolabilité, et cherche à le déconsidérer par tous les moyens qui sont en elle? Et cette marche qu'elle adopte, quoique blâmable sous le rapport moral, est rationnelle; car, comme cette liberté représente le peuple souverain, elle est toujours en crainte que le chef de l'État ne cherche à empiéter sur sa toute-puissance; de là cette lutte continuelle, cette lutte à mort. La liberté de la presse, sauf de très-courts intervalles, sera donc à toujours l'antagoniste du prince, quel qu'il soit; elle pourra sommeiller comme le lion, elle se réveillera terrible comme lui.

Ce n'est pas tout: derrière cette liberté et sous son égide se cachent tous les soutiens des vieilles monarchies, le clergé, la noblesse surtout; cette ancienne noblesse, qui baisait les pieds de Louis XIV, de Louis XV!...... aujourd'hui follement homicide, ne s'aperçoit pas que chaque coup qu'elle essaie de porter au prince, l'atteint elle-même au cœur. Cependant, malgré toutes ces difficultés de position, malgré la tendance des pouvoirs populaires à se précipiter hors de leur sphère, il faut reconnaître qu'il y a quelque chose de grand, de noble, dans ce balancement laborieux (quelqu'irrégulier qu'il soit d'ailleurs) des éléments dont se compose la monarchie constitutionnelle. Mais cet état de choses peut-il durer long-temps, lorsque presque toutes les forces de l'État pèsent sur un seul des plateaux de la balance?

L'administration procède d'une manière légale, les impôts rentrent régulièrement, on obéit au roi, que voulez-vous de plus? L'existence et la marche légale des chambres, l'obéissance de fait, ne prouvent rien pour l'organisation d'un pays. La veille d'une révolution on obéit au chef de l'État; on payait aussi les impôts sous Napoléon, sous Charles X; où sont tous ces gouvernements? C'est donc folie de vivre au jour le jour et d'attendre que l'orage gronde. L'action d'un gouvernement, d'ailleurs, n'est pas l'obéissance à l'administration, ce n'est là que la partie matérielle; sa force consiste dans son action morale et politique sur les masses, et, considérée ainsi, l'administration n'a aucune espèce de puissance.

En définitive, il est évident pour tous que dans la nation il n'y a que deux forces actives, la puissance populaire et la puissance exécutive. Il y a bien encore des individualités aristocratiques, mais elles se perdent dans la foule.

On tomberait dans une étrange erreur, si l'on croyait qu'un gouvernement est bien constitué par cela seul qu'il y a des pouvoirs organiques placés au faîte. Le gouvernement constitutionnel n'existe pas seulement dans les trois pouvoirs; il faut que les forces qu'ils représentent se retrouvent dans la nation, s'y balancent, s'y combinent de manière à graviter vers un centre commun; l'histoire fournit, même au temps de l'ancienne monarchie, des témoignages éclatants de cette vérité.

Si l'aristocratie est trop puissante, elle absorbe le pouvoir royal: c'est l'époque des premières races. Si le pouvoir royal se sent plus fort que l'aristocratie, il l'écrase: c'est le siècle de Richelieu, et de Louis XIV.

Si les forces populaires dominent, elles absorbent tout à la fois le pouvoir aristocratique et royal: c'est l'époque de la révolution française, qui se continue de nos jours avec moins de violence, mais avec autant d'énergie.

Un véritable gouvernement constitutionnel n'est que l'alliance et le balancement régulier de toutes ces forces.

« Il y a des gens, dit Montesquieu, qui avaient imaginé « d'abolir dans quelques États en Europe toutes les justices « des seigneurs.... Abolissez dans une monarchie les « prérogatives des seigneurs, du clergé, de la noblesse, « des villes, vous aurez bientôt un état populaire ou des- « potique. »

Nous avons d'abord eu l'État populaire, ensuite l'État despotique, puis voici l'État populaire qui revient; il est clair que nous tournons dans un cercle vicieux. En effet, le corps social a ses lois comme le corps humain, des lois qui résultent de sa nature, des lois qu'il n'est pas au pouvoir de l'homme d'abroger. Or, nous avons démontré que l'aristocratie est une loi constitutive de la monarchie.

Vous voulez donc, me dira-t-on, des priviléges, une aristocratie, comme avant la révolution?

Sans aimer l'aristocratie, et en repoussant même l'ancien ordre de choses, on peut reconnaître l'utilité d'un contrepoids nécessaire au mouvement du vaisseau de l'État. Mais d'ailleurs, dans ce moment, je ne dis pas ce que je veux, je le dirai; je me borne à constater un fait: je prouve que l'absence de l'une des forces nécessaires pour établir la pondération des pouvoirs nous mène à un gouvernement complétement populaire ou despotique. Où serait le malheur qu'il en fût ainsi? me dira-t-on, peut-être.

Le malheur serait grand pour la France.

Si le gouvernement est despotique, nous perdons toutes nos libertés, et cependant nous y tenons; s'il devient républicain, comme nos mœurs, ainsi que je le démontrerai, sont en opposition avec cet État, nous ne pouvons que dériver vers l'anarchie. Or, une très-grande majorité parmi les Français ne veut ni du despotisme ni de l'anarchie.

On a souvent cité l'Angleterre comme exemple frappant de la possibilité de maintenir le gouvernement constitutionnel avec la liberté de la presse.

Je crois aussi à cette possibilité; mais en Angleterre il y a des pairs héréditaires; en Angleterre il y a plus qu'une pairie, il y a dans toutes les provinces une aristocratie de second ordre, qui, outre qu'elle possède avec les lords presque la moitié du territoire, rattache à elle la plus grande partie du peuple par son influence, par l'éclat de sa représentation, les dépenses de luxe qu'elle occasionne et qui répandent partout la vie, enfin par les alliances même de la noblesse avec les hommes sortis du peuple, mais hommes de mérite et de talent.

En Angleterre, le clergé, loin d'être hostile (1), est dévoué; son pape est le roi; le clergé n'obéit pas, comme en France, à deux puissances souvent contraires, quelquefois même ennemies. Le clergé est citoyen, parce que ses membres sont pères de famille; enfin le temps, qui est aussi une puissance, a consacré la famille royale d'Angleterre, et la nôtre ne date que de quelques jours. Voilà le secret du maintien du gouvernement constitutionnel chez nos voisins d'outre-mer; mais dans notre pays les ressorts sont déjà usés, et cela est si vrai qu'il y a de bons esprits qui, quoique amis de la liberté de la presse, croient qu'on ne peut calmer l'irritation des partis qu'en apportant de graves modifications à cette liberté; et cependant, s'il arrivait que les divers pouvoirs de l'État vinssent à reconnaître cette nécessité, le peuple, à cette prétention, opposerait tout aussitôt le *veto* de sa force matérielle, et le pouvoir exécutif serait forcé de céder. J'ai donc raison de dire que nous avons un roi sans monarchie.

Une des conséquences inévitables de cette situation des choses, c'est l'absence de caractère et d'énergie dans le pouvoir; il ruse, il atermoie, mais ne gouverne pas; et si l'on ne trouve pas un moyen de le tirer de cet état léthargique, il doit périr lentement comme une lampe qui s'éteint faute d'aliment. Qu'on ne dise pas que cela tient à la personne du roi: si le roi voulait autre chose que ce qui est, il briserait tout sans doute; mais alors, ou il serait despote comme Napoléon, ou il agirait comme Charles X; et, dans les deux hypothèses, que deviendraient le trône et la dynastie?

(1) Il faut dire, pour être juste, qu'aujourd'hui le clergé de France semble se réconcilier avec la dynastie de 1830.

On appelait Charles X roi de France ; il avait une cour brillante et nombreuse qui se prosternait devant sa toute-puissance ; il disait : « Mon peuple, mes armées, mes vaisseaux, mes sujets ; » il s'est imaginé qu'il devait être souverain ; il n'a pas vu que cette souveraineté ne s'étendait pas au-delà des murs de son palais, que la loi trônait à la porte, et qu'en voulant revenir à la monarchie pure il brisait lui-même sa couronne. De là la révolution de juillet, devant laquelle le canon même devait être impuissant ; car le lendemain de la victoire il eût fallu recommencer la bataille. Cet exemple ne sera pas perdu, sans doute ; les princes constitutionnels doivent ressembler au premier roi du Latium.

Mais en admettant que la monarchie soit en péril, quels sont les moyens de rétablir l'équilibre ?

Avant de chercher le remède au mal, il convient d'examiner quel est l'état de la société en France, et d'apprécier les principes, les idées et les passions qui la dominent ; le meilleur gouvernement est celui dont les lois politiques et civiles se rapportent le plus aux mœurs et à la disposition particulière du peuple pour lequel il est établi ; notre recherche est donc utile et tend directement au but que nous désirons atteindre.

Que sommes-nous ? presque tous plébéiens, mais fiers et ambitieux, comme descendans de ce tiers-état qui fit la révolution de 89. Que voulons-nous devenir ? patriciens. Oui, patriciens, les uns par les richesses, les autres par les talents ou les dignités. C'est à ce but que tendent tous nos efforts.

Si une position honorable manque à un père, il la rêve

pour ses enfants, et ce sentiment règne jusque dans les classes du peuple.

Il y a une tendance forte, générale, à s'élever au-dessus de sa sphère et à en sortir, et cela se conçoit très-bien : il y a tant de soldats qui sont devenus maréchaux de France, tant de cultivateurs et de marchands qui se sont trouvés à leur réveil grands propriétaires et grands négociants, tant d'avocats qui sont devenus gardes-des-sceaux! Chacun cependant s'empresse de dire : La noblesse, les honneurs! fi donc! La crainte du ridicule en France est une si grande puissance! L'on se garde bien de paraître désirer des choses que chacun en public affecte de mépriser; mais si par hasard la fortune s'approche et nous sourit, vite nous escaladons les degrés comme un soldat qui s'élance à la brèche, et à chaque pas nous élevons la tête pour voir si nous approchons du faîte. L'adjoint de village, décoré de son écharpe tricolore, le duc et pair, couvert de cordons et de crachats, ont la même devise : amour-propre et vanité!

Avec cette disposition ambitieuse des masses vers la fortune et les honneurs, il est clair que la république, dans son beau idéal, et telle que les anciens l'avaient conçue, ne pourra jamais s'implanter parmi nous. Certes, la révolution de 89 fournit à la patrie de grands hommes et même des citoyens qui semblaient dignes des premiers siècles de la république romaine : mais Napoléon paraît, la scène change, et presque tous, ô faiblesse humaine! découpent peu à peu leur bonnet de la liberté pour en faire une livrée impériale.

Cependant il est possible que des têtes ardentes, rêvant une égalité chimérique, cherchent à ramener la démocratie pure ; mais la république mourra sur notre sol, par l'abus de sa puissance, le soir du jour qui l'aura vue naître. Nous manquons tous de ces mâles vertus, caractères distinctifs de la véritable démocratie.

« Les politiques grecs qui vivaient dans le gouvernement « populaire, dit encore Montesquieu, ne reconnaissaient « d'autre force qui pût les soutenir que celle de la vertu. « Ceux d'aujourd'hui ne nous parlent que de manufactures, « de commerce, de finances, de richesses et de luxe même.

« Ce fut un assez beau spectacle, dans le siècle passé, « de voir les efforts impuissants des Anglais pour établir « parmi eux la démocratie ; comme ceux qui avaient pris « part aux affaires n'avaient pas de vertu, que leur ambi- « tion était irritée par le succès de celui qui avait le plus « osé, que l'esprit d'une faction n'était réprimé que par celui « d'une autre, le gouvernement changeait sans cesse, le « peuple, étonné, cherchait la démocratie et ne la trou- « vait nulle part. »

En lisant ces pensées de l'auteur de l'*Esprit des lois*, on reconnaît une analogie frappante entre notre époque et celle qui a suivi la révolution d'Angleterre.

L'ambition qui nous domine est irritée par le succès de celui qui a bien plus osé que Cromwell ; il est d'ailleurs de la nature du peuple français de se nourrir encore plus qu'en Angleterre d'amour-propre et de vanité ; l'absence de vertus civiques fait que toutes nos ambitions individuelles s'unissent aux factions; le gouvernement change sans cesse, et le peuple étonné, mais fatigué, attend avec calme le dénouement ; il semble dire : Un jour, viendra mon triomphe ; mais ce triomphe ne sera-t-il pas précédé d'un tremblement de terre?

Lors même que le temps apporterait quelques changements dans les mœurs, les femmes, dont l'influence agit d'une manière si sensible sur notre position politique et sociale, les femmes nous ramèneraient vers cet état de vanité ambitieuse et d'égoïsme qui est la ruine de toutes les républiques.

Une femme qui met toute son existence dans l'éclat d'une parure peut-elle être bien sévère sur les moyens de parvenir à une position brillante? Aussi, quelque rang que son mari occupe, elle l'amène par d'adroits raisonnements à sacrifier ses principes politiques ou à une grande fortune ou à une haute dignité; elle fait ressortir à ses yeux l'intérêt de ses enfants, de leur établissement futur, leur nom, sa maison dont elle doit soutenir l'éclat; elle le dispose à un vote facile, et le prépare admirablement à ces capitulations de conscience dans lesquelles les femmes savent exceller. Même dans les classes les plus ordinaires de la société, ces idées, ces principes dominent; on tient à maintenir sa position sociale, et il est convenu que lorsque l'on est placé dans un certain rang, nous ne devons rien faire ni souffrir qui fasse voir que nous nous tenons inférieurs à ce rang même.

Si le génie particulier des historiens de l'antiquité ne les a pas entraînés au-delà du vrai, ah! qu'à Sparte et dans Rome les femmes offraient au monde un spectacle différent! que de courage! que de vertus patriotiques! comme elle est admirable et pure cette vie de femme qui se consume dans les soins maternels, dans l'éducation de ces jeunes gens que leurs mères disposaient si bien dès le berceau aux mâles vertus de leurs ancêtres! De pareilles femmes devaient engendrer de vrais citoyens, et nous, faibles enfants de mères plus faibles encore, nous nous amusons à rêver la république. Pauvres républicains, auxquels il ne manque que la condition essentielle de leur existence : la vertu !

Toutefois, ne soyons pas injustes; sans recourir aux temps anciens, on trouve encore parmi nous de beaux caractères de femmes. Pendant les troubles civils de notre première révolution, dans nos trois journées et dans le cours désastreux de cette épidémie qui promenait la faux de la mort sur toute la France, beaucoup de Françaises ont donné des preuves d'un dévouement et d'un courage vraiment héroïques; mais ce dévouement ne s'est presque jamais étendu au-delà de leurs affections privées ; admirables pour sauver leurs familles ou secourir les malheureux, elles ont été de glace pour la patrie.

Soutenir qu'en France la république est impossible, c'est dire que l'ambition, la vanité ont plus de racines que la liberté ; c'est même moins la liberté qu'on aime que l'égalité, et cet amour de l'égalité n'est qu'une vanité déguisée, car nous ne reconnaissons pas ses lois avec nos inférieurs, nous ne les invoquons que contre ceux qui nous blessent par leur supériorité de fortune, de talent et de naissance. On prétend cependant que cet amour excessif des titres, des honneurs, qui nous tourmente, tient seulement au désir que chacun a d'être l'égal de tous. Examinons les Français dans tous les actes de leur vie sociale et politique, et nous serons obligés de reconnaître que tout en se plaisant dans une vie de liberté, ils ne sont pas animés par un amour pur de l'égalité.

Pourquoi nos enfants, dès l'âge le plus tendre, s'élancent-ils avec tant d'ardeur vers ces couronnes dont on va décorer leurs fronts? Pourquoi nos jeunes conscrits sont-ils si désireux de l'épaulette d'officier et de la croix d'honneur? ils sortent pourtant des rangs du peuple, de ce peuple qui ne semble rêver qu'au soc de sa charrue. Et cette foule de talents qui se disputent dans tous les arts ces branches de laurier que la Renommée, si avare dans notre siècle, semble effeuiller avec regret, et cette arène électorale où tant d'hommes distingués par leurs vertus sociales se précipitent pour obtenir les suffrages de leurs concitoyens, au risque de voir flétrir par les plus basses calomnies les actes les plus simples et quelquefois les plus honorables de leur vie! Est-ce donc par un amour sincère de l'égalité qu'on aspire si fortement à sortir des rangs?

Voyez enfin nos deux grandes révolutions faites à quarante ans de distance; elles ont été bien moins le résultat des fautes des rois, et même bien moins l'effet du désir d'acquérir une plus grande somme de liberté, que le résultat de l'amour-propre flétri des diverses classes du tiers-état, de leur orgueil offensé. En quelques jours le peuple français a vengé dans des flots de sang ses injures de mille ans.

L'on croirait qu'après avoir démoli tous les palais, le peuple, au moins, va conserver, comme le feu sacré, l'égalité qu'il vient de conquérir. Non, chaque gouvernement se transforme en privilége, chaque révolution nous fait cadeau d'une aristocratie nouvelle.

Ancienne noblesse détruite, puis bientôt rétablie, illustrations républicaines devenues nobles, noblesse de l'empire, noblesse de la restauration et bientôt noblesse de Louis-Philippe. Pauvre égalité! nous te traitons si familièrement que tous les dix ans au plus tu subis une nouvelle métamorphose. Nous agissons avec toi comme nos enfants avec leurs poupées. Chaque matin c'est une toilette nouvelle, mais elle est flétrie avant la fin du jour.

N'omettons pas d'ajouter cependant qu'à côté de ces défauts de notre caractère il y a dans toutes les classes un esprit d'ordre et de conduite très-remarquable, non par un amour extrême de l'ordre, mais parce que nous sommes maintenant pénétrés de cette idée, que c'est l'ordre qui procure les richesses, et les richesses les honneurs.

Voilà notre histoire, même pour l'avenir; car lorsque deux révolutions faites au nom de la liberté et de l'égalité ont passé sur un peuple sans changer ses mœurs, on peut regarder comme chose certaine qu'elles ne varieront jamais.

La société ainsi constituée, le législateur est obligé de gouverner avec elle et pour elle. Il n'ira pas tenter l'impossible; et puisque l'ambition, l'amour-propre sont les passions actives et dominantes de toutes les individualités, il est clair que c'est en elles que réside la force gouvernementale; et plus les forces populaires battent en brèche la monarchie, plus le pouvoir monarchique doit mettre en jeu la seule action qui lui reste sur les masses, le sentiment de l'honneur.

Eh quoi! me dira-t-on, irez-vous exciter la fermentation de toutes ces passions que la politique peut excuser, mais qu'une vraie sagesse doit flétrir? Sans doute : le gouvernement doit profiter des vices comme des vertus des citoyens, seulement c'est à lui qu'il appartient de les régler en en tirant parti, et, par son action sur les individualités, d'arriver à la solution du problème, la prospérité de tous.

Quel est le peuple de l'antiquité qui a laissé le plus grand souvenir de ses vertus civiques ? les Lacédémoniens.

Ses législateurs avaient compris qu'étant chaque jour en guerre, il fallait former des hommes exercés à la ruse; on allait jusqu'à récompenser le vol commis avec adresse.

Et ce principe, qu'un gouvernement doit profiter des vices comme des vertus des citoyens, a pour lui l'autorité des siècles et des publicistes.

« Le gouvernement monarchique, dit encore Montes-
« quieu, suppose des prééminences, des rangs et même
« une noblesse d'origine ; la nature de l'honneur est de
« demander des préférences et des distinctions; il est donc
« par la chose même placé dans ce gouvernement.

« L'ambition est pernicieuse dans une république; elle
« a de bons effets dans la monarchie, elle donne la vie à
« ce gouvernement, et on y a cet avantage qu'elle n'y est
« pas dangereuse, parce qu'elle y peut être sans cesse ré-
« primée. Vous diriez qu'il en est comme du système de
« l'univers, où il y a une force qui éloigne sans cesse du
« centre tous les corps, et une force de pesanteur qui
« les y ramène. L'honneur fait mouvoir toutes les parties
« du corps politique, il les lie par son action même, et il
« se trouve que chacun va au bien commun, croyant aller
« à ses intérêts particuliers.

« Il est vrai que, philosophiquement, c'est un honneur
« faux qui conduit toutes les parties de l'État; mais cet
« honneur faux est aussi utile au public que le vrai le se-
« rait aux particuliers qui pourraient l'avoir.

« Et n'est-ce pas beaucoup d'obliger les hommes à faire
« toutes les actions difficiles, et qui demandent de la force,
« sans autre récompense que le bruit de ces actions ? »

En résumé sur tout ceci, si la France n'a plus de monarchie telle qu'elle était comprise anciennement, si même elle n'a plus que le vain simulacre d'une monarchie dite représentative, malgré l'altération de ses institutions, la France est restée monarchique par ses mœurs. Singulier état d'un grand peuple qui subsiste avec des lois contraires à ses mœurs, et des mœurs contraires à ses lois !

Ces idées, me dira-t-on, peuvent être vraies; mais à quoi bon tout ceci ? arrivez à l'application. Comment mettre en action ces sentiments qui dominent la société française ?

Satisfaire à toutes les idées de vanité sociale, d'ambition, d'influence, et cependant d'égalité politiques qui agissent si fortement sur toutes les individualités dont se composent les classes moyennes ;

Favoriser le développement de tous les intérêts d'industrie, d'ordre, d'économie générale et d'instruction publique, dont le besoin se fait sentir vivement parmi elles, et enfin, sans se jeter, comme Napoléon, dans des guerres éternelles, satisfaire à leurs idées d'indépendance et de suprématie européennes, et trouver le moyen, même au milieu de la paix, de faire vibrer dans leurs cœurs les cordes qui correspondent au nom de France, Gloire et Patrie !

Tel est mon programme : procédons à ses développements.

Puisque une vanité ambitieuse et un sentiment d'honneur, que, tout en l'appelant un faux honneur, Montesquieu cependant signale comme si utile à l'action de la monarchie, sont les principes vivifiants de ce mode de gouvernement; puisque la monarchie représentative est maintenant privée de l'appui qu'elle trouvait dans l'aristocratie, qui renfermait en elle et les élements de cette vanité et en même temps tous les principes d'ordre et de conservation nécessaires à la durée comme à la stabilité de toute organisation sociale; que dans cette position elle se trouve débordée par la démocratie, il faut donc tâcher de rechercher et d'extraire des masses une puissance qui allie à une force conservatrice ce sentiment d'honneur, si utile à l'action gouvernementale.

Or, si, dans le gouvernement purement monarchique, les publicistes ont pu proclamer comme une base fondamentale ce principe : *Point de noblesse, point de souverain*, je crois que dans un gouvernement constitutionnel il faut dire : *Point de citoyen, point de monarque constitutionnel.*

Je dois donc faire tous mes efforts pour rechercher le caractère constitutif du citoyen, et pour réunir autant que possible en un tout, en une seule âme, ce corps immense. Mais à quelle règle, à quels principes m'arrêter, lorsque tous les gouvernements ont négligé jusqu'à présent de déterminer les signes caractéristiques du citoyen français, lorsque tous, faut-il le dire, en ont eu peur?

Depuis quarante ans nous nous battons pour conquérir ou augmenter, dit-on, la somme de notre liberté; depuis qnarante ans nos législateurs ont peut-être voté cent mille lois, et, chose étrange! aucune disposition légale n'a fixé le nombre des citoyens, réglé leurs droits et leurs devoirs. Je me trompe, nous avons quelques lois de 1791 et de l'an III tombées en désuétude, et abrogées d'ailleurs par nos chartes et nos lois postérieures.

En effet, ces lois déclarent que tout Français qui paie la valeur de trois journées de travail est citoyen français.

Cependant il est évident que celui-là ne l'est pas, qui ne participe ni aux élections municipales ni aux élections des députés.

D'un autre côté, en France, où chaque individu est propriétaire, chacun paie la valeur de trois journées de travail, de sorte que tout homme serait citoyen sans pouvoir en exercer les droits.

Je dis qu'en France tout individu est propriétaire : et, en effet, le nombre des cotes des impositions est de 11 à 12 millions, et le sol de la France est possédé par plus de 5 millions de propriétaires, par conséquent, plus de 20 millions d'individus sont intéressés dans la propriété et la jouissance du sol (1).

Mais où donc trouver ce pouvoir qui doit être tout à la fois l'appui du trône et le défenseur des libertés du pays ?

Je le trouve dans les classes moyennes. C'est parmi elles que l'on signale presque toutes les fortunes, presque toutes les capacités, presque toutes les gloires de la grande famille. Ces classes seules renferment le véritable élément du gouvernement représentatif; par le principe d'élection introduit dans les divers degrés de la hiérarchie politique, par le jury et la garde nationale, elles protégent, jugent, administrent et gouvernent le pays; elles n'ont rien d'exclusif ni de privilégié, parce que chacun peut, avec du travail et de l'économie, y venir prendre place; que tout Français peut parvenir à tout, de partout et à toute heure : c'est donc là qu'aboutissent toutes les veines et tous les nerfs de la patrie; c'est là que je rencontre la terre ferme, c'est là qu'il faut bâtir.

(1) Discours de M. de Rambuteau, du 17 avril 1833 (Chambre des députés.)

Je prendrai donc pour base la loi d'élection; car, dans un gouvernement élevé par le peuple et pour le peuple, je ne vois pas un citoyen dans l'homme qui ne jouit pas d'une fraction de la souveraineté.

Je ferai d'abord en sorte que toute famille qui a quelque considération, marque et compte dans la cité, et, soit en étendant le bénéfice de la loi électorale aux capacités, soit en diminuant le cens successivement, mais avec intelligence et mesure, j'aurai soin de faire apercevoir aux familles qui ne seront pas encore comprises dans le corps électoral qu'un jour elles pourront atteindre au but. Persuadé que c'est seulement dans les classes moyennes que se trouve tout l'avenir de la monarchie, je ferai si bien, que ces classes seront fières de la qualité de citoyen, titre que j'aurai soin d'environner de toutes les marques distinctives de l'honneur. Je donnerai plus tard des développements à cette pensée. Avant tout j'examine le caractère du citoyen dans son principe, dans son essence; j'en recherche le nombre, j'en examine la force, et je me demande quel sera son poids et son action dans la balance des pouvoirs.

On ne compte maintenant que 200 mille électeurs environ. Je suppose que par les modifications qui seront nécessairement apportées à la loi d'élection, les citoyens seront au nombre de 300 mille. En effet, si l'on ajoute aux électeurs actuels toutes les capacités parmi lesquelles il y en a beaucoup qui ne paient pas le cens, ou si vous diminuez seulement le cens de 20 francs, vous devez arriver à peu près à ce nombre. Admettons ce chiffre.

J'entends tout de suite une objection.

Vous vous plaignez de l'influence du peuple, et vous voulez doubler, tripler sa force par l'action électorale; cette classe moyenne constituée en citoyens ayant pour elle et les bras, et les armes, et les droits de la cité, animée de principes populaires, entraînera ce qui reste de la monarchie !

Je répondrai d'abord que si ce raisonnement pouvait être juste, il vaudrait encore mieux tomber noblement que de mourir à petit feu et par un esprit de défiance qui décélerait des craintes indignes d'un prince et d'un peuple généreux. Je ne connais pas d'ailleurs de familles royales qui aient péri par trop de confiance dans le peuple; j'en vois de tous côtés qui tombent par excès de méfiance; l'histoire est là qui nous fournit de grands et terribles enseignements. Ainsi l'expérience des siècles est loin de justifier l'objection; mais quelle erreur de considérer les classes moyennes comme animées d'un esprit révolutionnaire! Loin de là, elles ne sont dirigées que par une pensée de conservation, d'ordre, d'amélioration, et en même temps j'ajoute par des idées d'ambition et de vanité, très-conformes à l'esprit monarchique.

Ces classes sauront bien, n'en doutez pas, préserver le monarque contre les entraînements populaires, non par amour pour la légitimité ou la quasi-légitimité, non par un amour aveugle pour la personne du monarque, mais parce qu'elles connaissent et apprécient parfaitement le danger des révolutions, et qu'elles cèdent avec plaisir à la pensée d'ordre public que le chef de l'État représente; et c'est l'histoire de notre siècle, toute palpitante encore, qui nous offre sous ce rapport de hautes garanties de leur modération et de leur dévouement aux pouvoirs établis. Si la garde nationale de Paris n'eût pas été dissoute par M. de Villèle, Charles X serait encore sur le trône; si la garde nationale n'eût pas existé depuis la révolution de juillet, Louis-Philippe n'y serait plus : c'est mon problème résolu par les faits (1).

Enfin, une expérience récente, il est vrai, mais immense

(1) Il y a des points sur lesquels le gouvernement pourrait satisfaire l'opposition, sans porter atteinte aux principes essentiels de la Constitution : par exemple, si l'on introduit les capacités dans le système électoral, la question d'éligibilité doit disparaître, et tout citoyen, électeur comme capable, ou payant 200 francs de cens, pourrait être élu député. De 1,000 francs on a réduit le cens à 500 francs, les députés n'en ont pas moins été choisis parmi les notabilités ; de 500 francs on le réduirait à 200 francs, il en serait de même ; — mais le corps électoral ainsi constitué élira des tribuns du peuple ! — Ce serait une grande erreur de le croire, et c'est encore la vanité qui tranche cette question. L'amour-propre de la bourgeoisie ne lui permet pas de reconnaître dans un autre bourgeois, fût-il un aigle, les qualités nécessaires à la députation, et les classes moyennes auront toujours une tendance très-forte à choisir leurs mandataires parmi les familles réputées patriciennes, et cette faiblesse de l'humanité date de loin : il en était de même à Rome. Mais admettons cependant que quelques hommes nouveaux parviennent à se faire jour. Où serait donc le mal ? Les Mirabeau sont rares, et quand on en signalerait quelques-uns, voulez-vous donc avoir un gouvernement de liberté sans tribun ? Regardez comme la chambre des députés s'efface et devient pâle ; on dirait que c'est un corps qui va se dissoudre à force de modération. Et qu'importent d'ailleurs les tribuns du peuple ? Grâce à la puissance des faits qui les dominent, à notre genre de vie politique, où tout se voit, où tout se sait, grâce aux attaques de l'opposition dont chaque jour il faut se défendre, les membres les plus influents de la chambre élective deviennent facilement des ministres dévoués.

Loin de moi, certes, la pensée d'inviter le pouvoir à des moyens honteux de gouvernement. Il est vrai que si Mirabeau fut toujours éloquent, il ne fut pas toujours *vir probus;* mais je suis loin de croire que les hommes de génie se laissent plus facilement que d'autres séduire par l'appât des richesses, et j'estimerais peu un gouvernement qui se servirait de cette disposition, si elle existait en eux, pour les attirer à lui ; je dis seulement que ces hommes doivent, précisément parce qu'ils ont une capacité supérieure, se laisser entraîner et par le plaisir de mettre en action leurs idées gouvernementales, et par cette ambition si naturelle dans un noble cœur qui a la conviction que ses travaux seront utiles à la patrie. Si Charles X eût su choisir à propos Casimir Périer pour premier ministre, la révolution de juillet n'eût pas eu lieu.

par ses résultats, vient justifier mon système. Un État voisin qui, si nous le surpassons par la gloire militaire et le culte des beaux-arts, est au-dessus de nous par son génie industriel, et marche au moins notre égal en liberté, l'Angleterre vient enfin de secouer la poussière de ses vieilles lois électorales, et de détruire à jamais ces élections de bourgs qui étaient la honte d'un pays libre, et l'obstacle le plus grand aux développements d'une sage liberté.

Après avoir décrété avec un calme énergique cette réforme si importante, elle a procédé deux fois d'après ces nouvelles bases à de nouvelles élections, et le caractère de la chambre de communes n'a pas varié ; le monarque compte parmi ses membres ses plus fidèles serviteurs et le pays ses plus grands citoyens. Qui a nommé cette chambre? Les classes moyennes. Il ne faut donc pas s'effrayer du nombre des citoyens, lorsque ce nombre, d'ailleurs, n'est que dans un rapport très-minime avec la population (1).

Je conçois que lorsque les masses sont tout-à-fait ignorantes, comme en Espagne, les passions prennent la place des opinions diverses, et il peut y avoir entraînement; mais lorsqu'il y a assez de lumières dans un pays pour que ces masses consultent plutôt leurs intérêts que leurs passions, la réunion des individualités ne peut donner que la somme des volontés particulières : or, en France, nous sommes dans ce cas. Les classes moyennes, sans être instruites, sont très-éclairées sur leurs intérêts; les développements de la démocratie par ces classes ne doit donc inspirer aucune crainte.

(1) J'expose plus bas les moyens d'unir et de relier le corps électoral aux idées monarchiques.

Je vais plus loin, d'ailleurs, et pour rassurer tout-à-fait les esprits prévenus, je crois devoir démontrer que mon projet n'est pas en désaccord avec les principes aristocratiques.

Le gouvernement qu'on nomme aristocratique n'est-il pas celui où la souveraine puissance est entre les mains d'un certain nombre de personnes qui font les lois et les font exécuter (1)? Or, en France, ce sont les *pairs* et les *députés* qui font les lois, et s'ils n'ont pas le pouvoir de les faire exécuter, toujours est-il qu'ils ont le droit de renverser ceux qui les violent, ou ceux qui les exécutent autrement qu'ils ne le veulent; de ce droit à l'exécution même, il n'y a pas bien loin. Il est vrai qu'au roi seul est réservée la sanction; mais que peut être l'exercice de ce droit devant la volonté forte des chambres et de l'opinion publique?

Il faut donc reconnaître qu'il y a chez nous, non pas une aristocratie telle qu'on la concevait jadis, mais des pouvoirs aristocratiques, et que les individus membres de ces pouvoirs forment une espèce de classe privilégiée, plus privilégiée même que la noblesse d'autrefois; car l'électeur, le député, le pair, exercent le droit de souveraineté.

L'ancienne noblesse formait un ordre, à cet ordre étaient attachés des priviléges; mais ces priviléges ne lui conféraient pas le pouvoir constituant, et comme ordre, elle était dans la dépendance du souverain, qui en était comme le grand-maître.

Ainsi le gouvernement constitutionnel, ennemi des pri-

(1) Montesquieu.

viléges, comporte cependant très-bien des pouvoirs aristocratiques, surtout lorsque les membres de ces divers pouvoirs marchent de pair avec le chef de l'État.

Or, voici ce que nous dit Montesquieu relativement aux forces aristocratiques qui doivent se trouver dans ce mode de gouvernement, où un certain nombre de citoyens sont revêtus du pouvoir suprême :

« La meilleure aristocratie est celle où la partie du « peuple qui n'a point de part à la puissance est si petite « et si pauvre que la partie dominante n'a aucun intérêt « à l'opprimer. Ainsi, quand Antipather établit à Athènes « que ceux qui n'auraient pas 2000 drachmes seraient « exclus du droit de suffrage, il forma la meilleure aristo- « cratie qu'il fût possible, parce que ce cens était si petit « qu'il n'excluait que peu de gens, et personne qui eût « quelque considération dans la cité. Les familles aristo- « cratiques doivent donc être peuple autant que possi- « ble ; plus une aristocratie approchera de la démocra- « tie, plus elle sera parfaite, et elle le deviendra moins « à mesure qu'elle approchera de la monarchie. »

Maintenant examinons à quoi tend le système dont j'ai posé la base : précisément au résultat prévu par Montesquieu, à n'exclure aucun de ceux qui jouiront de quelque considération dans la cité.

En créant le citoyen, en augmentant sa force par l'accroissement intelligent et modéré du nombre, je me conforme donc au principe du gouvernement aristocratique, et j'arrive à ce résultat, que les familles de citoyens, c'est-à-dire, suivant moi, les familles faisant partie de l'aristocratie, seront peuple autant que possible, principe constitutif de ce mode d'organisation politique, principe sans lequel il serait privé de toute condition de vitalité, tandis que dans notre organisation actuelle les familles nobles, ou se disant telles, sont à peine de 60 mille sur une population de trente-deux millions d'habitants.

Ainsi dans un pays où l'aristocratie de naissance inspire une jalouse envie, et où l'on supporte si difficilement les supériorités de talent et de fortune, les aristocrates sont en si petit nombre qu'ils ne pèsent presque plus dans la balance politique, et la faute en est, en grande partie, à l'aristocratie, qui a toujours cherché à s'épurer, et qui n'a pas vu qu'en se resserrant elle devenait d'autant plus imparfaite; et jusqu'à ce jour on n'a pas eu l'idée de détruire, ou au moins d'affaiblir l'antipathie qu'elle inspire, en augmentant par le nombre son poids dans les forces générales de l'État, nombre très-facile à trouver, puisque les individualités sont très-disposées à en faire partie, et ne s'élèvent contre elle que parce qu'elles y sont étrangères. En effet, la haine contre les nobles n'est autre chose que l'amour même de la noblesse. Le dépit de ne la pas posséder se console et s'adoucit par le mépris que l'on témoigne de ceux qui la possèdent.

Qu'on le remarque : l'aristocratie, retrempée dans les classes moyennes, n'inspirera plus d'inimitié; la haine, comme toutes les passions, en s'étendant, disparaîtra peu à peu; elle n'aura plus devant elle ces priviléges qui l'entretiennent et la nourrissent, puisque tout Français sera citoyen s'il réunit les conditions déterminées par la loi.

Ici, la volonté, la faveur du prince ne peuvent inspirer aucune jalousie, puisque les droits et les honneurs de la cité ne dépendront plus des caprices de la cour, mais de la volonté toujours égale, toujours immuable de la loi. Le prince aura sans doute la faculté d'élever à [illegible] le citoyen, c'est le droit incontestable du chef de l'État dans les monarchies ; mais il ne pourra pas empêcher que le citoyen ne prenne rang dans la cité.

La démocratie ne sera pas non plus à redouter, puisqu'elle sera resserrée dans ce tiers-état essentiellement monarchique et aristocratique par ses mœurs et ses passions. D'où vient que la démocratie coule à pleins bords et menace continuellement de faire explosion ? C'est que ses éléments ne trouvent pas jour à se transformer en aristocratie. C'est la vapeur qui brise le vaisseau qui la contient, parce qu'on a négligé de laisser libre la soupape de sûreté ; de là aussi naît l'embarras du pouvoir, car le même homme est successivement démocrate et aristocrate. Les opinions politiques varient en France comme la position sociale et les accidents de la vie humaine. Faites donc que les classes moyennes soient aristocrates, par les honneurs attachés à la qualité de citoyen, par la considération dont vous environnerez ce titre ; en agissant ainsi, vous répandrez sur le pays un germe fécond de stabilité, et vous vous assurerez l'avenir. En un mot, et plus les années s'écoulent depuis la révolution de juillet, plus je suis convaincu de cette vérité : Pour consolider la monarchie et modérer l'action de la démocratie, il faut aristocratiser le tiers-état. Enfin, je dirai aux démocrates : Ce système ne doit pas vous effrayer, car les républiques de Grèce et de Rome, considérées sous un certain point de vue général, n'étaient que des aristocraties. Le peuple, c'étaient les esclaves, les citoyens étaient les nobles.

Pour retrouver le chemin des anciennes républiques, il faudrait d'abord recréer l'esclavage, et loin de le vouloir, vous proclamez l'émancipation des peuples; et par cela seul, et comme il est impossible évidemment que trente-deux millions d'individus soient égaux en fortune, en capacités, que les passions humaines, toujours actives, sont là, toujours présentes pour déranger le niveau que vous cherchez, il est vrai de dire qu'en proclamant l'égalité de tous, il y aura d'autant plus d'individualités qui voudront y participer, et par conséquent, par la succession et le progrès des temps, d'autant plus d'inégalités.

Ainsi, c'est le système du libéralisme largement entendu qui rend la république impossible, et nous entraîne pour des milliers de siècles vers l'aristocratie. Tâchons donc de la populariser, faisons-la peuple autant que possible, d'abord pour modérer la démocratie, dans son intérêt même, et pour détruire en même temps, dans l'aristocratie, tout ce qu'elle a de blessant pour nos idées d'égalité.

Mais, par quels procédés, par quels liens, espérez-vous, me dira-t-on, rattacher au prince et au système monarchique, cette nombreuse population électorale, composée d'hommes que le gouvernement convoque tout au plus une ou deux fois tous les cinq ans, d'hommes que la liberté de la presse désaffectionne de tous les rois avec une habile perfidie?

C'est précisement parce que la liberté de la presse tend à diviser, et à déverser le mépris sur tout ce qui est autorité et puissance, que le premier devoir du gouvernement est de s'efforcer d'unir et de relier autour de lui par tous les moyens légitimes qui sont en son pouvoir un corps nombreux et puissant qui lui soit en aide.

Ces moyens de gouvernement que je vais exposer appartiennent, du reste, à une habileté et à une adresse gouvernementales qui se devinent encore plus qu'elles ne se démontrent. Cependant, comme il y a là des affections populaires à ménager, et des idées générales auxquelles l'administration doit se rattacher avec soin, je crois nécessaire de développer toute ma pensée.

Napoléon fut admirable dans son appréciation de l'esprit et du caractère français ; son administration intérieure fut un chef-d'œuvre, une conception digne de son génie : à l'extérieur il éblouissait par ses victoires, à l'intérieur il enchaînait par ses récompenses ; avec lui aucun service n'était méconnu. Aussi voyez quels souvenirs il a laissés parmi nous.

1815 voit sa statue renversée, 1833 la voit reparaître au sommet de cette immortelle colonne, où sont gravés nos trophées et retracées nos victoires.

Le peuple accourt en foule sur cette place triomphale ; c'est pour lui un jour de fête, et des larmes se mêlent à sa joie, et, dans l'exaltation de sa reconnaissance et l'ivresse de ses désirs, ses acclamations unanimes et répétées saluent ce bronze insensible de ces mots : *Vive Napoléon !* Sept ans s'écoulent, Joinville enfin ramène sur les rives de la Seine la tombe de Ste-Hélène, mêmes acclamations, même enthousiasme, et le peuple de répéter encore ces mots: *Vive Napoléon!* comme s'il avait la pensée que ce grand homme pouvait, par la puissance de son génie, se soustraire à la loi commune et renaître pour lui.

Ces cris ont dû révéler aux rois de la terre toute notre force, et à la royauté de juillet toutes celles dont elle peut disposer ; il n'y a plus d'hésitation possible et de moyen de douter qu'elle doit puiser ses inspirations près de cette colonne et aussi près de ce tombeau qui rappelle le souvenir de tant de gloire, et en même temps la pensée d'un exil, dont il doit ressortir pour les rois de si grands enseignements.

La décoration de l'ordre de la Légion-d'Honneur a fait des prodiges à la guerre comme dans l'intérieur de l'empire, et l'opinion qu'on attache à cette noble étoile la place encore si haut, qu'il semble que notre petite taille ne puisse y atteindre; on veut qu'elle n'orne bien que la poitrine d'un brave, ou de l'un de ces hommes de génie dont le front est environné d'une auréole de gloire.

Napoléon était avare de cette croix, même envers les braves, et le gouvernement la prodigue dans les fonctions civiles et pour les services les plus ordinaires. C'est un grand mal; il use ainsi l'un de plus grands ressorts qui puissent agir sur les imaginations françaises.

Cependant, il faut reconnaître qu'il manque quelque chose à l'action du gouvernement avec la seule institution de la Légion-d'Honneur. En effet, si l'on met une très-grande réserve à décerner la croix, il y a nécessairement beaucoup de services méconnus, beaucoup d'actes honorables qui sont d'une haute importance pour le pays, mais qui, par leur nature, ont peu d'éclat, de retentissement, et qui alors restent dans l'oubli.

Mais que faire? Je voudrais, d'abord, que l'article 62 de la Charte ne fût pas une lettre morte, et que le roi, sur la présentation faite tous les ans par les autorités et par les divers ordres et corporations des villes principales de France, choisisse parmi les électeurs les hommes les plus honorables, auxquels il conférerait des récompenses honorifiques ou des titres nobiliaires. A ce mot, j'entends s'élever un cri général de la presse de l'opposition, et j'aperçois ce sourire dédaigneux de nos philosophes modernes, qui semblent dire : Cet homme ne comprend ni les besoins, ni les idées de son siècle. Si j'étais chef de l'État, ces cris m'effraieraient peu, et je n'hésiterais pas à rattacher à la noblesse et par la noblesse ce corps de citoyens, l'élite de la nation. Du reste, je dois dire ici toute ma pensée : je suis fermement attaché à la plupart des principes de notre grande révolution ; mais cependant, au-dessus de la liberté et de l'égalité je place l'ordre, la grandeur et la gloire de la France. Après cette déclaration bien claire, je poursuis mes développements.

La seule institution de la Légion-d'Honneur ne suffit pas à l'action du pouvoir.

Ce magistrat conciliateur qui passe sa vie dans de pénibles travaux, vous ne pouvez, au déclin de ses jours, l'appeler à une haute dignité ; n'y aurait-il donc aucun moyen de signaler ses droits à la reconnaissance de ses concitoyens ? Ce maire d'un modeste village, courbé par les ans, et qui se trouve obligé de déposer l'écharpe nationale ; ce soldat citoyen qui l'un des premiers a répondu à la voix du peuple, et que ses pairs ont nommé par acclamation leur officier ; ce négociant honorable, dont l'industrie soutient et fait prospérer mille familles ; ce conseil éclairé qui sacrifie son existence au milieu des luttes d'un barreau modeste, et termine sa carrière dans une glorieuse pauvreté, quelles récompenses leur réservez-vous ?... Aucune, me dit-on ; leur conscience leur suffit ; l'amour de la patrie commande une abnégation totale de soi-même, et cet amour seul doit les guider. Ainsi vous décorez les fonctionnaires éminents, les grands seigneurs, les heureux du siècle, qui souvent n'ont eu que la peine de naître, et vous croyez ne devoir aucun encouragement aux hommes utiles, laborieux, sévères par leur probité, remarquables par leur capacité, qui peuplent les professions les plus honorables des classes ordinaires de la société! Et, sans y penser, vous transportez dans la monarchie la morale de la république, qui consiste à pratiquer la vertu pour elle-même et à se dévouer pour la patrie sans espoir même de récompense...

Partisans de la monarchie, ayez soin que tous les hommes dont les fonctions ont pour but le bien public soient environnés de respect, que chaque ville ait ses édiles, ses administrateurs, ses magistrats honoraires (1); fixez leur rang dans les solennités publiques, déterminez les marques distinctives de leur magistrature (2), récompensez toutes les vertus du citoyen; que chacun s'aperçoive que le prince voit tout, est reconnaissant de tout le bien

(1) On me dira que ce que je demande existe. N'y a-t-il pas en France des magistrats honoraires? Cela est vrai; mais le gouvernement ne fait rien pour qu'ils soient honorés, et la loi elle-même s'en occupe si peu, qu'elle fixe à peine leur rang dans les solennités, et ne les signale à leurs concitoyens par aucun signe caractéristique de leur dignité. Autrefois les portraits des maires et des grands magistrats étaient placés dans les salles de justice et de mairie, c'était l'usage; aujourd'hui il y a une loi, et on ne l'exécute pas.

(2) M. de Fontanes a eu sous l'empire une excellente idée en décidant que les membres des académies porteraient une palme d'argent, comme signe de leur dignité. Cette pensée, mais sous des formes diverses, devrait avoir plus de développement. En variant ces distinctions, il faudrait les étendre aux électeurs dans l'exercice de leurs fonctions. Un certain nombre d'électeurs, dont les noms seraient tirés au sort, devraient assister à chaque solennité municipale dans le costume déterminé. Ces distinctions devraient être étendues aux procureurs du roi, et, à plus forte raison, aux fonctions tout-à-fait honorifiques. Ce n'est pas d'ailleurs ici seulement la vanité qu'il faut satisfaire. On rirait d'un procureur du roi qui irait en robe au milieu d'une émeute, et cependant il doit s'y rendre. A quel signe pourra-t-on reconnaître son caractère? comment se fera-t-il obéir?

fait au pays, et alors, quand le peuple sera convaincu qu'on s'occupe de lui, quand les classes moyennes surtout verront que les services publics sont comptés pour quelque chose, aussitôt vous ressentirez l'effet du mouvement électrique que vous aurez communiqué aux masses, et soudain renaîtra ce noble élan, cet enthousiasme national auxquels la France doit de si grands triomphes.

D'où vient que les fêtes de juillet ont eu pendant quelques années tant de retentissement? C'est qu'elles n'étaient qu'une grande revue de citoyens fêtés, honorés, par le chef de l'État; c'était la révolution de juillet habilement comprise: c'est ainsi que je conçois la constitution de tout l'empire. Sans doute l'adoption de ce système fera surgir de vives attaques de la part de quelques esprits chagrins qui ne rêvent qu'une égalité chimérique, de ces républicains dont l'austérité cependant a cédé et cèderait encore à la puissance d'un glaive triomphateur; mais gardez-vous de prêter l'oreille à ces cris! votre devoir à vous, ministres d'une monarchie constitutionnelle, c'est de ranimer ce sentiment de l'honneur que l'on voudrait éteindre, et en qui réside votre seule et dernière puissance.

Outre les rapports qui existent entre le monarque et le peuple par ses mandataires, je ferais en sorte d'en établir de plus fréquents avec les membres de la grande famille, et chaque année j'appellerais dans la capitale, à l'époque de la fête du roi, un certain nombre de citoyens choisis dans toutes les classes; le prince réunirait ainsi autour de lui l'élite des classes moyennes; il écouterait leurs vœux, les besoins de tous, s'identifierait avec les grands projets de l'industrie, et je voudrais qu'il distribuât de sa main royale les insignes et récompenses que le courage, le talent, la vertu auraient su conquérir ou mériter (1).

En réclamant des honneurs, des dignités pour le corps électoral, qu'on ne croie pas que je cède à la pensée de faire mouvoir la société uniquement par un principe de vanité : telle n'est pas ma pensée.

Louis XIV a employé avec un immense succès les distinctions honorifiques, peut-être eût-il pu négliger ce mode d'action sur les masses sans cesser d'être un roi remarquable ; Louis-Philippe ne le peut pas, sans cesser d'exercer la royauté. Les différences qui existent entre les deux époques frappent tous les yeux : sous Louis-le-Grand, idées et croyances religieuses profondes et généralement sincères, gravité dans les mœurs, autorité publique et magistrature vénérées, royauté élevée presque jusqu'au culte et à la hauteur des demi-dieux de l'antiquité. Dans cet état de la France le sceptre devait être léger pour le prince. Aujourd'hui, plus de principe religieux, morale relâchée, plus d'égard pour tout ce que les hommes s'étaient habitués à respecter, société sans frein, se plongeant dans les jouissances matérielles, comme dans les eaux d'un nou-

(1) Le ministère a commis une faute politique en laissant prononcer l'ordre du jour sur une pétition qui avait pour but de réclamer l'exécution de la loi pénale contre tous ceux qui prenaient des titres sans droit. D'abord cette décision est tout-à-fait contraire aux principes de la monarchie constitutionnelle, et, en outre, elle ne favorise que les fripons et les intrigants. Quel est donc l'honnête homme, l'homme même qui ait tant soit peu de pudeur, qui se permette de prendre un titre qui ne lui appartienne pas? La question des titres se lie plus qu'on ne croit à l'existence de la royauté. Dans un pays où l'on peut prendre des titres à volonté, le prince ne peut plus en donner, et alors il n'y a plus de prince, car l'habile distribution des honneurs, est l'action principale de la monarchie.

veau Léthé pour y oublier le passé et se bercer d'illusions sur l'avenir qu'elle redoute; société sans lien, s'apercevant qu'elle va tomber en poussière, et cependant, — exemple inconcevable de l'égarement de l'esprit humain! — travaillant elle-même avec une sorte de satisfaction sceptique à sa propre décomposition.

Au milieu de ces ruines menaçantes, le gouvernement peut-il rester impassible? ne sentira-t-il pas enfin, dans l'intérêt même de sa conservation, que son premier devoir est de ranimer le feu sacré prêt à s'éteindre? Mais où est-il, me dira-t-on, ce feu sacré que vous nous annoncez? le placeriez-vous donc dans les hochets de la vanité et dans ces distinctions que Montesquieu lui-même est obligé d'appeler un faux honneur? Voici ma réponse:

Il y a une philosophie que j'appellerai gouvernementale, philosophie qui s'efforce de porter les hommes vers le bien, et qui cependant serait impropre à les diriger vers la vertu considérée dans toute sa pureté. La philosophie dans un gouvernement, c'est l'art d'entraîner un peuple entier, en quelque sorte sans qu'il s'en doute, vers les passions nobles et élevées de notre nature, de manière à paralyser tous nos mauvais penchants; c'est une action persévérante du pouvoir sur les masses, action qui a pour résultat de les relier entr'elles et de les diriger vers tout ce qui est grand et beau; c'est une émulation qui se communique de proche en proche, et qui fait que la société marche insensiblement vers tous les sentiments généreux, sans cependant avoir beaucoup plus de vertus.

C'est ainsi qu'à certaines époques de notre histoire, se révèle tantôt cet amour exalté de la patrie, tantôt cette passion de la gloire militaire, et dans un autre ordre d'idées, cet esprit de dévouement et de charité, qui ont donné naissance à tant d'actions sublimes et produit tant de héros.

Louis-le-Grand encourage toutes les sciences, protége tous les arts; il élève à lui les hommes de génie qui répondent à sa voix, en entourant son trône d'une auréole de gloire, et, nouvel Auguste, il lui est réservé de voir la France, et l'Europe même malgré sa jalouse envie, décorer son siècle du titre de siècle de Louis XIV.

Saint Vincent de Paule, saisi tout à la fois d'amour et d'indignation à la vue de ces enfants exposés dans des lieux déserts, et délaissés par leurs mères, doublement coupables de leur naissance et de leur abandon, enflamme un peuple entier de son zèle apostolique, et soudain s'élèvent des hôpitaux où ces pauvres enfants trouvent une seconde mère dans nos admirables sœurs de charité, qui, presque seules, au milieu de nos débris, restent pures et vénérées.

Napoléon, à la tête des armées françaises, nous rend, par d'éclatantes victoires, maîtres de l'Allemagne et de l'Italie; la France va dominer le monde, s'appeler la grande nation, et la France suit le héros jusqu'aux tours du Kremlin.

Voilà les prodiges qu'enfante une action puissante sur les masses, action tellement énergique que le peuple obéit et meurt plutôt que d'abandonner un chef que la fortune vient à trahir. Cette philosophie générale n'a pas la folle présomption de vouloir refaire l'homme; elle l'accepte tel qu'il est, mais elle tire de ses défauts le parti le plus avantageux possible dans l'intérêt de l'ordre, du maintien des institutions et de la gloire du pays. Cette philosophie, c'était celle de Marc-Aurèle, lorsqu'il émettait cette sage maxime:

« Ne pouvant faire les hommes tels qu'on souhaiterait,
« il faut les supporter tels qu'ils sont et en tirer tout l'a-
« vantage possible. »

C'était aussi celle de Montesquieu, car en proclamant l'honneur le principe fondamental des monarchies, il montrait clairement la nécessité de mettre en pratique la règle de gouvernement tracée par Marc-Aurèle.

C'était enfin celle des deux grands monarques que nous venons de citer : tous deux sans doute ont abusé de leur pouvoir sur les hommes; mais l'abus confirme précisément l'influence heureuse que les règles de conduite politique que j'expose auraient sur les peuples si elles étaient appliquées avec ce discernement et cette prudence, caractère distinctif des gouvernements qui ne règnent que par la loi.

Ainsi, l'honneur fait éclore tous les sentiments généreux qui se trouvent en germe dans le cœur de l'homme ; il les développe, et, en outre, il a l'avantage de modérer, par son action sur les classes moyennes, cette tendance à l'amour de l'or et des jouissances matérielles, vers lesquelles elles ne sont que trop disposées à se laisser entraîner, lorsqu'elles s'aperçoivent que, dans la pensée du pouvoir, l'honneur le cède à la richesse (1).

A l'aide et autour de ce principe dont j'anime tout le corps social, viennent se grouper naturellement tout ce qui constituait la grâce et le charme de la vie dans le siècle de Louis XIV : l'urbanité du langage, l'élégance des manières, ce sel attique et presque perdu de la conversation

(1) Le ministère a fait, sous le rapport monarchique, une grande faute en décorant un des grands banquiers de France, du grand cordon de la Légion-d'Honneur, s'il n'a rendu, comme on le dit, à l'État, que des services pécuniaires.

d'autrefois, le culte élevé des beaux-arts, la perfection du goût qui l'accompagne, la pureté dans la conduite publique et privée, jusqu'à la probité même, par la crainte du déshonneur. Oui, l'illustre auteur de l'*Esprit des lois* proclamait les véritables principes lorsqu'il disait : « Dans « les monarchies l'honneur fait mouvoir toutes les parties « du corps politique, il les lie par son action même, et il se « trouve que chacun va au bien commun croyant aller à « ses intérêts particuliers. Et n'est-ce pas beaucoup que « d'obliger les hommes à faire toutes les actions difficiles, et qui demandent de la force, sans autre récompense « que le bruit de ces actions ? »

Les honneurs ! la gloire ! le bruit de nos actions ! Est-ce donc là la vertu ?...... Je suis obligé de répondre : — Non, là n'est pas la vertu. L'amour du vrai, du juste, l'abnégation de soi-même, un attachement profond et désintéressé pour la patrie, et cette pensée chrétienne qui aime le bien pour le bien même, et qui, au milieu des grandeurs de ce monde, rapporte à la puissance divine seule nos belles actions et l'éclat dont elles brillent, voilà la seule et véritable philosophie. Malheureusement celle de l'homme politique est loin d'avoir une source aussi pure. Nous pouvons bien, à force d'art et d'habileté, cicatriser les plaies de notre nature, mais le sang reste vicié. Philosophes ! nous sommes tous impuissants pour le purifier : Dieu seul est grand !

De ces considérations je passe à l'examen de mon système dans ses rapports avec la situation politique intérieure et extérieure de la France.

Il y a en ce moment en France cinq partis bien tranchés : les anarchistes, ou républicains fanatiques de 93 ;

les républicains modérés, qui voudraient un consulat ou un président, comme aux États-Unis ; les partisans d'Henri V; les napoléonistes; enfin les philippistes. Qu'ont fait les différents ministères qui se sont succédé depuis la révolution de 1830 pour rallier tous ces partis à la dynastie de juillet? A l'exception de Casimir Périer, ils ont, comme Louis XI, divisé pour régner; mais dans quelle position auront-ils placé la France, par ces divisions, si une guerre générale vient à éclater ? Henri V en Vendée, la république et les bonapartistes à Paris, les Prussiens, les Russes et les Autrichiens sur la frontière du nord, l'Angleterre et Espartero au midi, voilà notre avenir. Aussi la guerre vous apparaît comme un fantôme, et chaque soir vous lui dites : Retire-toi! mais le lendemain le fantôme apparaît encore et grandit. En vain vous nous diriez que la France entière ferait trève à ses dissensions si l'ennemi se présentait armé sur les frontières; n'y comptez pas, et n'espérez être ni plus heureux ni plus habiles que Napoléon.

Il faut cependant rendre justice à plusieurs des ministres qui ont tenu les rênes de l'Etat.

Entourés par l'émeute qui les pressait, comme les serpents autour du corps de Laocoon, ils ont cru avoir assez fait pour la cause de l'ordre général, que de se dégager des replis du monstre; ils ont cru, qu'ayant rendu un immense service à la France et même à l'Europe entière, ils n'avaient plus qu'à goûter les douceurs du repos et à se couronner de chêne : douce et trompeuse illusion! le mot reconnaissance ne se trouve pas dans la langue politique. Pendant qu'ils dominaient la France et qu'ils croyaient ainsi arrêter le monde, le monde a marché, les puissances se sont entendues en silence, et quand elles ont été prêtes, elles ont répondu, si ce n'est par l'outrage, au moins par des procédés peu dignes de chefs de grandes nations, aux avances qu'on leur avait faites. Le prince habile qui nous gouverne a si profondément ressenti ce manque d'égards, et a en même temps si bien reconnu cette impuissance où nous sommes de faire une guerre européenne, qu'il n'a eu cesse qu'il n'ait obtenu les fortifications de la capitale, où lui ou ses fils seront obligés de se renfermer un jour.

Je dis que les puissances sont coalisées contre nous: en doutez-vous?

Alliance de l'Europe entière contre la révolution française; semblable alliance contre Napoléon, et l'empereur d'Autriche sacrifie son propre sang au maintien de cette alliance!.... Nouvelle alliance contre Napoléon de retour de l'île d'Elbe; alliance de l'Angleterre, de la Russie, de l'Autriche et de la Prusse contre notre influence en Orient; alliance pour le droit de visite, alliance dirigée uniquement contre le commerce de la France et contre notre marine marchande, alliance monstrueuse! car trois puissances y stipulent sans intérêt politique; enfin, alliances secrètes et plus que probables de l'Angleterre et d'Espartero, si certaines éventualités se présentent, et de l'Angleterre, avec l'empire du croissant, pour le cas où nous voudrions définitivement nous fixer en Algérie.

En présence de cette coalition permanente, en présence de l'Europe, qui n'attend que le moment propice pour fondre sur la proie qu'elle convoite, que faites-vous? Vous vivez au jour le jour, sans système arrêté, sans vue créatrice sur l'intérieur, sans alliance à l'extérieur.

6

Vous élevez des forteresses, c'est bien, ce n'est point assez; il n'y a que les cœurs dévoués qui résistent à l'airain. L'armée est brave et fidèle, c'est beaucoup, ce n'est point encore assez, car, en cas de guerre, l'Algérie en absorbera la moitié (1).

Efforcez-vous donc de rallier et de relier autour de vous tous les dissidents; vous ne le pouvez qu'en étendant progressivement le cercle électoral, qu'en vous entourant de toutes les capacités, et qu'en créant autour du trône un corps de citoyens dévoués, nombreux: aristocratie puissante, non par ses quartiers de noblesse, mais parce qu'elle aura en elle l'intelligence, les richesses, les armes et surtout ce sentiment d'honneur, cet enthousiasme de dévouement pour le prince et pour la patrie, que vous lui aurez communiqués; aristocratie puissante encore, parce que d'une main elle touchera au souverain, et de l'autre au peuple, dans lequel elle se recrutera sans cesse, et dont elle appréciera dès lors et vous signalera parfaitement et les besoins et les passions.

Mais je suppose qu'il y ait erreur de ma part sur les projets de puissance, et que mon appréciation des événements soit le produit d'une imagination trop ardente, ou de la haine que la grande majorité des Français porte maintenant à l'Angleterre; supposons donc que la guerre ne soit pas à redouter : il faudrait bien peu connaître les aristocraties de l'Europe pour croire qu'elles s'allieront franchement à une puissance qui, à leurs yeux, marche à pas de géant vers la république, c'est-à-dire vers un état

(1) Nous sommes en paix avec les puissances, et il nous faut 90 mille hommes en Afrique; que serait-ce si nous avions une guerre avec l'Angleterre seulement?

politique qui doit consacrer, à toujours, la destruction de leur influence, de leur position sociale et de tous leurs priviléges.

Mais enfin si, par suite de la fortune de la France, elles n'osent nous attaquer de front, elles nous feront une guerre sourde; elles s'efforceront de détruire, ou au moins d'amoindrir notre influence, notre commerce; elles nous empêcheront de contracter des alliances; elles chercheront à entretenir la désunion parmi nous, et même à exciter la guerre civile.

Je crois être dans le vrai en faisant ressortir cette pensée : que jusqu'à présent la France a eu le tort grave dans ses changements de système, de ne pas tenir assez compte de l'état politique et social des peuples qui l'avoisinent. De là l'impossibilité de former des alliances durables. Nous voulons que le monde marche comme nous; le monde peut céder à la force, mais bientôt il reprend son allure, et alors il nous répond en marchant comme l'écrevisse : nous lui faisons frayeur, il recule. Cette nécessité pour la France de ne pas rester isolée, a été parfaitement signalée par Mirabeau, dans son rapport à l'assemblée constituante, sur le renouvellement du traité avec l'Espagne.

« Quelques hommes, disait-il, forts de leur caractère et « orgueilleux de leur patrie, croient que la France armée « peut rester invincible, quoiqu'isolée; il est de ces hom- « mes parmi nous, et ce sentiment est d'autant plus ho- « norable, qu'il confond la force publique avec l'énergie « de la liberté; mais la liberté publique n'est la plus grande « force des empires, qu'aussi long-temps qu'étrangère à « toute injustice, à toute conquête, les nations s'appli-

« quent uniquement au développement de [illegible]
« intérieure et de leur véritable prospérité [illegible]
« France compte dans ses annales des triomph[illegible]
« vitent à la vengeance ; elle a des colonies qui [illegible]
« l'ambition, un commerce qui irrite la cupidité, et si [illegible]
« peut un jour se défendre sans alliés, il ne faut pas néan-
« moins qu'elle s'expose à combattre seule des puissances
« dont les forces actuelles sont supérieures aux siennes ;
« car il ne s'agit pas de ce que peut inspirer la nécessité,
« mais de ce qu'exige la prudence ; il ne s'agit pas de faire
« une périlleuse montre de nos dernières ressources, mais
« de prendre les moyens les plus propres pour assurer la
« paix. »

Mirabeau proclamait les véritables principes politiques en démontrant la nécessité où nous sommes de ne pas rester isolés dans l'Europe ; mais, s'il eût eu à s'exprimer sur la conduite que la France avait à suivre pour contracter des alliances durables, je ne crains pas de dire qu'il eût répondu, qu'un peuple ne peut échapper à son isolement, lorsque sa vie de chaque jour est un état de fièvre continue et souvent de délire.

Entre les pays civilisés, il y a, comme entre les mondes qui peuplent l'espace, des rapports nécessaires, dont on ne peut dédaigner les lois sans exposer l'avenir de son pays. Vous avez remarqué pendant l'été ces temps d'une sécheresse aride, qui font le désespoir du cultivateur ; les plantes se fanent, se flétrissent ; encore un jour de cet air dévorant et tout va périr ; mais Dieu veille, Dieu, c'est l'harmonie générale, et la rosée vient à point. La Providence a la bonté de se prêter, pour chaque petite portion du globe, aux exigences de chaque jour ; et nous, providence de liberté pour les autres peuples (je n'ose plus dire *et de civilisation*) nous sommes si présomptueux, que nous voulons que tout cède et marche à notre voix, sans prendre soin ni des mœurs, ni des lois des autres peuples, ni des coutumes souvent plus fortes que les lois. La France dit à l'Europe : « Il n'y a rien de beau ici bas que la liberté et l'égalité, imitez-nous. » Et pour la déterminer à cette imitation qui doit être l'Eden pour les autres peuples, elle procède par des révolutions successives qui bouleversent toutes les positions sociales. Qu'advient-il de ceci? l'Europe reste monarchique et surtout aristocratique ; je dis et surtout aristocratique, car les rois passent, et, dans ces temps de désordre, le sol de la patrie ne leur manque que trop souvent ; mais les familles se succèdent et ne meurent pas.

« Le seul moyen de faire entrer les peuples du nord et du midi dans notre sphère d'activité, de nous assimiler le continent et de le rallier à nous, c'est de demeurer stables dans nos institutions, de lui prouver que tout en améliorant nous savons conserver. La confiance qu'un peuple inspire, produit plus d'effets utiles sur ses voisins et a souvent même de meilleurs résultats pour lui, qu'un grand nombre de trophées. Comment d'ailleurs l'aristocratie continentale serait-elle disposée à s'unir franchement à la France? En 93, nous proclamons la république, et nous procédons par la confiscation et l'échafaud à notre régime de liberté et d'égalité. Puis, quelques années après, nous opérons une transition brusque vers le despotisme, et nous nous en accommodons fort bien; puis, dix ans plus tard, nous reprenons nos anciens rois. Leurs ministres ayant violé la loi, nouvelle révolution ; et nous reconduisons aux frontières, non les ministres coupables, mais le roi qui était inviolable. Nous croyons alors devoir élever sur le pavois une nouvelle dynastie ; mais peu satisfaits des bases de l'ancienne loi qui cependant n'avait vécu que seize ans, nous en proclamons une nouvelle. Sous l'ancienne, il y avait trois grands pouvoirs dans l'État, qui se balançaient admirablement l'un par l'autre, notre suprême sagesse nous dit qu'il n'y en a plus besoin que de deux : en conséquence, nous supprimons l'hérédité de la pairie sans laquelle il n'y a plus de gouvernement constitutionnel. Après ces bouleversements périodiques, ce serait prodige que les classes élevées de l'Europe fussent disposées à marcher de concert avec nous !

Quelques publicistes, et l'opposition tout entière repoussent l'hérédité de la pairie ; « elle est, dit-on, inconciliable avec l'égalité constitutionnelle des citoyens ; la fonction la plus importante, celle de faire des lois, ne doit pas être conférée au hasard, sans qu'on puisse connaître la moralité ou la capacité du législateur ; une assemblée composée de supériorités vraiment nationales, peut, quoique viagère, ou même temporaire, réunir les conditions de force morale, de stabilité et d'indépendance qui sont désirables.

« Le besoin de garder une position éminente rend l'aristocratie conservatrice et indépendante ; l'éclat des talents et des services rendus donne la considération ; enfin l'hérédité attribuée à la couronne suffit pour la garantir des orages, lorsque le prince s'appuie sur les véritables intérêts du peuple ; et, d'ailleurs, si le trône est héréditaire, c'est avant tout dans l'intérêt de la nation, et ce même intérêt doit décider à repousser un autre pouvoir héréditaire qui tendrait toujours vers l'accroissement de ses priviléges. En effet, les hommes qui en seraient revêtus tourneraient leur ambition vers l'amélioration du sort de leurs enfants et de leurs amis; et si l'on pense que leur hérédité serait la garantie de leur esprit de conservation, on pourrait dire aussi qu'ils le pousseraient jusqu'à défendre incessamment leurs priviléges, au risque de provoquer des révolutions sanglantes. Dans les pays où il n'y a plus d'aristocratie féodale, et où ses derniers vestiges ont été effacés par la raison publique, l'hérédité du pouvoir de la chambre aristocratique paraît être une chose inutile et dangereuse; inutile, parce que les intérêts que des sénateurs héréditaires seraient appelés à représenter n'existent plus; dangereuse, parce que nul ne peut calculer la portée et tracer les limites de leur influence toujours croissante par les places obtenues, le pouvoir accru et les richesses accumulées par l'effet des majorats et des substitutions qui en sont inséparables.

« Cette hérédité serait aussi repoussée par les mœurs publiques et la conscience éclairée de la nation, si les lois du pays tendaient à propager la division des propriétés, et si leur influence la favorisait et la multipliait.

« Dans un tel pays, l'unique base de la chambre aristocratique doit se composer des talents, des vertus, des services rendus à l'État, et du patronage honorable que donne une grande fortune bien employée (1). »

(1) Tout ce résumé est extrait de l'ouvrage de mon honorable ami, M. Macarel, conseiller d'état, qui s'est prononcé contre la pairie héréditaire. (Voir son ouvrage bien remarquable ayant pour titre *Éléments de droit politique*.) Je n'ai pas voulu émettre une opinion contraire à la sienne, sans rappeler textuellement tous les raisonnements qu'il présente à l'appui de son opinion.

Ces raisons sont très-fortes sans doute, mais elles ne sont pas déterminantes ; je crois même qu'elles sont plus que balancées par des raisons contraires. Je reprends les objections principales.

« Si le trône est héréditaire, c'est avant tout dans l'intérêt de la nation ; et ce même intérêt doit décider à repousser un autre pouvoir héréditaire qui tendrait toujours vers l'accroissement de ses priviléges, qu'il défendrait au risque de provoquer des révolutions sanglantes. »

Les pairs, dites-vous, défendre leurs priviléges ! — Mais, à voir la débilité de la pairie et le rôle qu'elle a joué dans nos révolutions, il se passera bien des années avant qu'elle puisse reconquérir cette influence nécessaire à l'équilibre de la chose publique, influence dont on effraie, suivant moi, bien à tort, notre imagination. C'est vraiment prévoir les malheurs de bien loin, c'est trembler devant une ombre. La pairie provoquer des révolutions ! mais elle en subit toutes les conséquences ; elle ne peut pas même circonscrire leurs effets dans le pouvoir royal qui succombe presque sans lutte avec elle. Admettons cependant l'hypothèse des adversaires de l'hérédité comme un fait qui va se révéler tout-à-coup ; eh bien ! nous combattrions contre la pairie usurpatrice comme nous avons combattu contre la royauté violant ses serments : où serait le mal ? Voulez-vous donc ne rien laisser à faire à nos descendants, et à force de détruire les obstacles qu'ils pourraient rencontrer, les obliger à réédifier chaque jour un nouvel édifice politique. Mais « l'intérêt de la nation doit décider à repousser un second pouvoir héréditaire. »

Puisque vous admettez que l'intérêt de la patrie exige l'hérédité du trône, il faut bien que le pays, dans ce même intérêt, entoure la royauté des institutions qui peuvent la consolider; sans quoi, au lieu de trouver des garanties de stabilité dans cette hérédité, l'intérêt de la nation sera chaque année compromis par la fragilité du trône.

La question n'est donc pas de savoir si les intérêts du pays exigent qu'on repousse un deuxième pouvoir héréditaire; mais il s'agit de rechercher si le trône isolé, sans aucun pouvoir qui se rattache à lui, peut se consolider; car, dans le cas de la négative, le plus grand intérêt du pays est lésé.

« Les hommes qui seraient revêtus de cette dignité héréditaire tourneraient leur ambition vers l'amélioration du sort de leurs enfants et de leurs amis. »

Que la pairie soit héréditaire, qu'elle soit viagère, les pairs chercheront dans les deux hypothèses à fonder avec une égale ardeur l'avenir de leur famille, et même, plus le sort de leurs enfants sera précaire, plus ils mettront leurs actes et leurs votes dans la dépendance du prince. Ils voudront, par leurs services particuliers, leurs complaisances, déterminer la nomination de leurs fils; ils s'efforceront de placer autour du trône leurs créatures, pour se former une sorte de patronage qui seconde leur ambition.

Le pair héréditaire, au contraire, reste fier, indépendant sur sa chaise curule; respecté au milieu des orages révolutionnaires; il n'a pas besoin d'être courtisan, la dernière partie de sa vie ne donne pas un démenti solennel à la première; il n'a rien à demander au pouvoir, rien à attendre du prince; son fils lui succède par la puissance du droit.

« La pairie héréditaire a pour escorte des majorats. »

Mais la pairie viagère entraînera avec elle des fraudes odieuses; le pair viager, par le sentiment d'une ambition qui est dans nos mœurs, voudra que l'aîné de ses fils lui succède avec éclat, et l'avantagera par des moyens détournés. Ainsi, inconvénient égal des deux côtés, plus grand même dans le dernier cas; car les pairs, qui ne le seront que par le choix du prince, auront une fortune à créer. Il faudra que le roi ou l'État y pourvoie. Mais, d'ailleurs, où est la nécessité des majorats?

Je les crois tout à la fois dangereux et inutiles; dangereux, parce qu'ils sont contraires à la division des propriétés et à l'égalité qui doit régner entre les enfants d'une même famille; inutiles, parce que les alliances suffiront pour soutenir la position sociale des pairs; la haute finance et l'aristocratie commerciale, l'aristocratie même de naissance aspirent avec ardeur à mêler leur sang à celui de la pairie, et sauront bien relever les fortunes déchues.

« L'hérédité attribuée à la couronne suffit pour la préserver des orages, lorsque le prince s'appuie sur les véritables intérêts du peuple. » Dans un gouvernement constitutionnel la question de savoir quels sont les véritables intérêts du peuple sera toujours très-controversée; il y aura toujours une opposition forte, nombreuse, qui prétendra qu'elle seule soutient les droits du peuple, qu'elle seule veut son bonheur. Voyez la France en ce moment.

Que dit l'opposition? elle prétend que les véritables intérêts du peuple consistent dans des économies, dans un gouvernement à bon marché, et dans une influence extérieure dont le pays est privé.

Le gouvernement répond que le meilleur mode d'administrer aujourd'hui les états consiste dans les développements du commerce et de l'industrie, dans le travail; que les économies seraient illusoires, insignifiantes; et quant aux relations extérieures, que le bienfait de la paix est audessus de tout, qu'on ne peut plus gouverner à la manière de Napoléon, et qu'il vaut mieux négocier avec habileté que de se livrer à d'éternelles guerres, dans lesquelles le pays, qui compte déjà tant de victoires, pourrait perdre, au moins momentanément, les dévelop-pements de son industrie, et voir couler inutilement le sang toujours si précieux de ses enfants. Ainsi des deux côtés se présentent des raisons graves et qui méritent un examen sérieux. Le peuple, considéré dans ses masses encore ignorantes, est-il à même d'apprécier tous ces grands intérêts? Il faudrait l'initier aux principes de l'économie politique, aux questions diplomatiques qui agitent l'Europe. Or, comment soutenir que le trône, isolé, privé de toute espèce d'appui et d'institutions qui s'harmonisent avec lui, pourra toujours lutter, et lutter heureusement, si une force brutale, enflammée par les exaltations de la presse et par une opposition ardente, veut à chaque instant peser ce qu'elle prétend être ses intérêts? Dans ce cas, soyons francs, les prétendus intérêts du peuple ne sont autres que ses passions, et la question ne trouve plus sa solution que dans le droit du plus fort. L'opposition, d'ailleurs, n'est pas la seule force qui réagisse sur la royauté; il faut calculer aussi l'action extérieure des puissances de l'Europe.

Loin de moi d'admettre la moindre domination sur mon pays de la part des puissances étrangères! Tout mon sang bouillonnerait à cette pensée. Mais si je repousse toute idée de domination, je conçois très-bien une action;

j'admets très-volontiers que l'Europe civilisée ait une influence au moins indirecte sur une nation également civilisée, de même que nous en avons une sur presque tous les peuples du monde ; et cette action de notre part est si visible, que nous imposons à l'univers notre langue, et à une partie de l'Europe nos mœurs et nos lois.

Or, de quoi se compose l'Europe civilisée ? En grande partie de l'aristocratie territoriale et de naissance. Si donc nous n'accordons pas à l'aristocratie française une juste et légitime influence, si nous la traitons en ennemie, nous nous déclarons en même temps ennemis de toutes les aristocraties européennes, et, par cela seul, celles-ci chercheront, par une réaction toute naturelle à souffler la discorde, à maintenir l'aristocratie française déchue dans un état d'hostilité continuelle contre les libertés du pays, lui représenteront, dans un avenir peu éloigné, la suppression de l'hérédité de la noblesse comme une conséquence de l'anéantissement de l'hérédité de la pairie, et entretiendront ainsi à toujours parmi nous une conspiration flagrante contre le peuple.

Comme philosophe, je puis rire quelquefois des prétentions exagérées de la noblesse ; mais comme homme politique, je raisonne tout autrement ; et je crois qu'il faut tenir surtout à la pairie héréditaire, d'une part, pour que les notabilités étrangères cessent de conspirer contre nous, et enfin pour rassurer, dans l'intérieur, toute cette aristocratie provinciale effrayée du mouvement révolutionnaire qui l'entoure, et qui, suivant elle, menace incessamment, non pas seulement ses titres, mais les propriétés sur lesquels ils reposent.

« L'unique base de la chambre aristocratique doit, dit-on, se composer des talents, des vertus, des services rendus à l'État, et du patronage honorable que donne une grande fortune. »

Pour qui connaît l'état de notre société, c'est dire que la nomination des pairs ne sera plus qu'une affaire d'intrigue et de camarilla, et comme il y a toujours à la cour beaucoup d'hommes qui ont rendu de grands services à l'État (quels que soient d'ailleurs les vertus et le noble caractère du prince), c'est la cour qui nommera, et elle ne nommera, soyez-en sûr, que ceux dont les opinions connues lui garantiront la nature de leurs votes. Alors plus d'indépendance, prostitution de l'un des pouvoirs, et bientôt révolution. Le prince aurait-il assez d'énergie pour faire lui seul les choix? Par sa position et ses liaisons politiques, il sera amené tout naturellement à nommer pairs ceux avec lesquels il aura passé sa jeunesse, ceux qui lui auront témoigné du dévouement dans des circonstances difficiles; les fils du prince, parvenus au trône, nommeront par les mêmes motifs les enfants des pairs décédés; de sorte que le fait devant à toujours dominer le droit, à quoi sert d'avoir détruit le droit?

« Mais la fonction la plus importante de l'État sera donc conférée au hasard sans qu'on puisse connaître la moralité et la capacité du législateur? »

Le hasard est-il beaucoup plus aveugle que l'élection? Les députés sont-ils donc tous des hommes de génie, ou même tous d'une intelligence remarquable? Sous la restauration, la chambre des pairs, considérée dans ses capacités, a-t-elle manqué à la patrie? On a compté dans son sein autant d'hommes supérieurs que dans la chambre des députés. Enfin le prince aura toujours le droit d'introduire dans le sénat les illustrations signalées par l'opinion publique; dès lors on n'a point à craindre que l'absence d'hommes de talent prive la chambre de cette haute considération et de ce lustre qui lui appartient : et d'ailleurs l'habitude des affaires étend même les esprits médiocres, leur donne une portée qu'ils n'auraient jamais eue sans cela. Les exemples d'un père, des relations fréquentes avec des hommes d'une grande capacité, une éducation soignée, le désir de soutenir sa dignité, tous ces motifs contribuent à donner même l'avantage aux enfants des pairs héréditaires. Mais l'hérédité n'a-t-elle pas été repoussée par la chambre à une immense majorité? et n'est-il pas clair maintenant que la France ne veut pas d'une pairie héréditaire? Je conviens que toutes les nuances de l'opposition sont en apparence d'accord sur ce point; mais je crois que ses membres les plus marquants regrettent de s'être ainsi avancés, et que la presse, mue à son insçu par des passions particulières, a induit en erreur la masse de la nation. Je concevrais qu'on eût demandé, lors de la révolution de juillet, à détruire l'hérédité de la noblesse; mais laisser subsister l'hérédité de la noblesse et détruire la pairie héréditaire, c'est une contradiction manifeste et un vice déplorable dans nos institutions. L'hérédité dans le sénat n'affecte point les masses. Que m'importe à moi, peuple de 34 millions, qu'il y ait cinq cents familles qui se transmettent les titres et même les droits de leurs aïeux? ce qui m'intéresse, c'est que tout Français puisse atteindre facilement et sans obstacle, quelles que soient sa naissance et sa fortune, à la qualité de citoyen et à la considération qui doit environner ce titre; c'est que, par lui-même, il puisse arriver à toutes les dignités de l'Etat. Mon amour de l'égalité ne va pas plus loin, car je veux que l'égalité en France se coordonne avec l'esprit de conservation, et je ne trouve un pouvoir essentiellement modérateur que dans la pairie héréditaire.

Autant, d'ailleurs, nous avons peu de considération pour la noblesse qui n'a été acquise que dans des fonctions de domesticité de cour, autant il y a dans le peuple un sentiment de vénération pour ces familles dont les noms et les services se lient aux premiers siècles de la monarchie, ou aux époques les plus glorieuses de notre histoire moderne. La loi pourra bien supprimer l'hérédité, mais l'opinion et l'usage dans leur toute-puissance abrogeront la loi. Les noms historiques des Montmorency, des Talleyrand, des Choiseul, des Masséna, des Foy, aux yeux du peuple français, feront toujours partie de la pairie héréditaire ; et si le prince n'appelle pas au sénat les descendants de ces hommes illustres, le peuple dira : Ils devraient y siéger. Cette heureuse disposition du peuple français à croire que les enfants peuvent perpétuer les vertus et la renommée de leurs pères, vous la détruisez par vos institutions viagères, vous ravissez ainsi à la nation le peu qui lui reste de ses glorieux souvenirs d'antiquité, et vous ferez si bien que son indifférence, grâce aux principes déposés dans les lois, s'étendra sur les derniers vestiges de gloire et jusque sur les cendres de ses ancêtres.

Cette opposition à l'établissement de l'hérédité de la pairie ne provient, suivant moi, que de la légéreté de décision des masses populaires et de leur ignorance dans la constitution des pouvoirs. Elles seraient frappées de surprise si on leur disait qu'à Rome, république, il y avait un patriciat héréditaire ; aussi je ne crains pas de dire comme un illustre député : « Avec l'hérédité périt la pairie, avec la « pairie peut-être la royauté héréditaire, et dans la répu-« blique même, le principe de la stabilité, de la dignité, de la « durée (1). » Oui, un patriciat héréditaire est nécessaire dans l'état le plus démocratique, et précisément parce que cet état est tout-à-fait démocratique. L'agitation, le mouvement, quelquefois des troubles populaires, c'est à cela que l'on reconnaît la démocratie pure ; et cette agitation perpétuelle, ces troubles, sont la condition essentielle de son existence. C'est un orage terrible qui purge l'atmosphère en la traversant.

Quel est dans ce cas le pouvoir qui pourra contenir les flots déchaînés ?..... une aristocratie, une puissance héréditaire. Ce ne sera pas le pouvoir monarchique, puisque nous raisonnons dans l'hypothèse où le trône n'existe plus. Il n'y a donc que l'action combinée des principaux citoyens qui puissent réunir assez d'éléments de force pour arrêter l'essor trop violent de la lave démocratique ; et cette influence sociale, cette puissance des grands, ne peut exister sans principes fixes, arrêtés, sans transmission de ces principes, par conséquent sans hérédité. Un état absolu de liberté, d'égalité, sans contre-poids, doit tôt ou tard engendrer une anarchie épouvantable. Car sur qui donc réagiront les passions populaires ? Sur le peuple lui-même.

Le véritable état républicain a son principe dans la vertu portée au plus haut degré de désintéressement. Cet état suppose par conséquent que cette vertu est en action continuelle, car sans cela le principe fondamental du gouver-

(1) Royer-Collard, *Discours sur la pairie.*

nement serait vicié; or, elle ne peut se conserver que dans une lutte contre les grands, lutte qui peut les briser momentanément, mais dont ils sortent, en définitive, victorieux au moyen de l'hérédité.

C'est par l'histoire des temps qui nous ont précédés que nous devons, autant que possible, apprécier la valeur et le mérite des institutions politiques. C'est le seul moyen de ne pas s'égarer dans des rêves brillants d'espérances et trompeurs en réalité. Consultons donc encore cette histoire, si féconde en grands enseignements, surtout depuis 89.

D'abord apparaît la convention, puis le conseil des cinq-cents et le conseil des anciens, ensuite un corps législatif et un sénat à vie, enfin une chambre des députés et une pairie héréditaire.

— Sous l'empire d'une seule chambre, la France est soumise au règne de sang de Danton et de Robespierre.

— Au 18 fructidor, le conseil des anciens laisse déporter plus de cinquante députés du conseil des cinq-cents. Ils meurent déplorablement dans un désert, sans être jugés: ils étaient citoyens français; ils étaient innocents!

— Au 18 brumaire, ce même conseil aide Bonaparte à s'emparer en despote du gouvernement, et détermine ainsi la chute de la constitution.

— Napoléon crée un sénat viager, le sénat se prête avec servilité à toutes les volontés du maître.

— De consul pour deux ans on le fait consul à vie, puis empereur héréditaire. Bientôt les sénateurs consentent à la suppression du tribunat; bientôt ils mettent la jeunesse française en coupes réglées. Le sénat ne sait qu'obéir. A côté de ce tableau de toutes les fautes, de tous les crimes même, commis par les divers pouvoirs viagers, méditez sur cette époque de 1814 qui donne naissance à la pairie héréditaire ; sans doute, jeune par sa création, elle hésitera souvent, elle ne fera pas tout ce qu'elle devrait faire, et cependant elle a rendu à la France d'éminents services. C'est elle qui a repoussé la loi sur le droit d'aînesse, la loi d'amour et de justice ; c'est elle qui a protesté contre le rétablissement des jésuites ; c'est elle qui a voté la loi sur les listes du jury et préparé ainsi la loi électorale ; c'est elle enfin qui, par une opposition sage, mesurée, a prouvé au pouvoir qu'elle saurait résister dans des circonstances plus graves.

Aussi Charles X a-t-il choisi, pour rendre ses ordonnances, le moment où il était impossible de la rassembler.

De toutes les institutions qui se sont succédé depuis 89, la pairie héréditaire seule a parlé haut, a sû mettre avec mesure un frein aux volontés du chef de l'État, et cependant c'était une pairie composée en grande partie de courtisans : c'est que les broderies du courtisan disparaissent toujours devant le manteau du pair, lorsque ce manteau doit se transmettre à ses descendants. Oui, l'hérédité seule affaiblit pour les rois les dangers des cours. Il faut une pairie héréditaire à un prince constitutionnel, pour qu'il soit entouré d'hommes, de citoyens : on en compte si peu dans les palais des rois !

Mais ne parviendra-t-on pas à ressusciter ainsi l'aristocratie féodale ? On ne ressuscite pas les morts ; c'est se faire peur d'une ombre. Une aristocratie féodale n'est plus possible en France ; elle serait renversée avant de pouvoir prendre l'accroissement nécessaire à sa constitution. Il ne s'agit que d'une aristocratie purement politique, et qui affermisse par son indépendance même la royauté constitutionnelle. L'hérédité seule peut rendre la chambre tout à la fois indépendante du pouvoir démocratique et du pouvoir monarchique.

Cependant, et malgré toute la force de ces raisons, je me trouve arrêté par une objection grave qui tient aux circonstances politiques où nous nous trouvons. Ce corps héréditaire que je crois si utile au maintien du gouvernement représentatif, on ne peut l'improviser; il a succombé devant notre révolution. Pourquoi user dans de vains efforts les ressorts si affaiblis de la monarchie, pour tâcher de recréer un pouvoir qui ne donnerait peut-être immédiatement aucun appui de plus à la monarchie, et aliénerait beaucoup de libéraux sincères? Il est bien difficile, et en France surtout, de revenir sur un fait accompli et qu'on regarde comme une liberté que le peuple a conquise; cependant il faut atteindre ce résultat, sans quoi il n'y a pas, à mes yeux, de véritable monarchie constitutionnelle, sans quoi il devient impossible d'étendre le système électoral, sans quoi il n'y a plus de progrès. Tout se lie dans notre gouvernement (1).

(1) Avant de me décider pour l'hérédité, j'ai examiné tous les systèmes présentés, et je n'en ai vu aucun qui pût satisfaire l'homme qui cherche un point fixe et rationnel dans nos institutions. Lors de la discussion de la loi sur la pairie à la chambre des députés, ces systèmes ont tous été repoussés à une grande majorité. Ecoutons M. le duc Decazes, qui a traité cette partie de la question d'une manière supérieure.

« Deux chambres et une autorité exécutive, comme fut le directoire ou « l'empire, ne constituent pas le gouvernement des trois pouvoirs.

« Si les deux chambres ont une origine commune, l'élection populaire, « directe ou indirecte, alors elles ne sont que la délégation d'un pouvoir, « et le troisième corps, qu'elles créent par une autre délégation, n'est « qu'une représentation indirecte du pouvoir par qui elles ont été elles-

Il n'appartient pas à un homme inconnu de juger de l'opportunité de la mesure. Toujours est-il qu'il faut revenir à ce principe fondamental. Le gouvernement pourrait, en s'expliquant franchement, combiner le rétablisse-

« mêmes instituées ; c'est le gouvernement populaire. Si les chambres, « au contraire, ne sont, comme sous l'empire, qu'une émanation de l'au« torité exécutive, et que, soit qu'elles s'appellent corps législatif, tri« bunat ou sénat, elles n'aient de populaire que le nom, et n'existent que « par la volonté du pouvoir qui les a constituées, celui-ci composera « seul le gouvernement, et aura avec raison, ainsi que nous l'avons vu, « la prétention d'être l'unique représentant du pays, qui, en effet, n'at« tendra que de lui la part de liberté et d'indépendance qu'il jugera à « propos de lui laisser.

« Pour que le gouvernement des trois pouvoirs soit réel, il faut que « chacun de ces pouvoirs ait une existence qui lui soit propre, une origine « distincte et qui se suffise à elle-même ; il faut que divers par leur prin« cipe, égaux par leur indépendance, tout en s'appuyant sur le même sol « et tendant au même but, ils aient une autre vie, d'autres racines, et « que les mêmes orages ne les atteignent pas. C'est la condition de tout « pouvoir constitutionnel d'être par soi-même, de n'accepter jamais d'ap« pui sans le rendre, de ne recevoir que pour donner, d'être l'égal de celui « même qu'il reconnaît pour chef, d'avoir des droits inviolables que son « devoir est de défendre contre toute agression, de quelque part qu'elle « vienne, en n'obéissant jamais qu'à la conviction réfléchie de l'intérêt « du pays.

« Si l'existence de l'un des trois pouvoirs dépendait de la volonté des « deux autres, il n'y aurait plus que deux pouvoirs, et bientôt il n'y en « aurait qu'un ; car entre deux autorités en présence, sans contre-poids, « sans médiateur, la lutte serait sans autre issue que la destruction de « celle qui aurait à ses ordres et appellerait à son aide moins d'intérêt et « moins de passions. Le premier besoin du gouvernement est donc d'a« voir des pouvoirs indépendants et forts. » (Extrait du rapport de M. le duc Decazes.)

Je ne vois rien de plus juste et de plus élevé, en même temps, que cette partie du rapport de M. le duc Decazes.

Cette opinion que j'émets sur l'hérédité de la pairie, était celle de Benjamin Constant, du général Foy, de M. de Cormenin, c'est encore celle de M. Thiers et de beaucoup d'autres publicistes dont les familles ne se lient pas à la haute aristocratie.

ment de l'hérédité avec une loi qui adjoindrait au système électoral toutes les capacités.

La suppression de l'hérédité de la pairie a produit des résultats auxquels ne s'attendaient certainement pas ceux qui ont voté la loi du 29 décembre 1831 (1). L'altération dans la constitution a occasionné presqu'aussitôt une altération non moins grave dans l'administration de la justice criminelle. Tout pouvoir constitué qui voit son influence diminuer sous un rapport, tend à l'augmenter sous un autre: de là la pensée qu'on dit être celle d'un grand nombre de pairs, qu'il est utile que la pairie se constitue souvent en cour de justice pour exercer une action plus forte sur l'opinion publique, attirer les regards, balancer ainsi la puissance de la chambre élective et raviver enfin une institution ébranlée par tant de secousses révolutionnaires.

D'un autre côté, tout pouvoir exécutif tend vers le despotisme, et, par conséquent, s'efforce d'avoir auprès de lui un tribunal spécial qui, sans être dans sa dépendance, soit au moins en harmonie avec sa pensée intime et politique. De là la volonté très-prononcée du gouvernement de saisir la chambre des pairs, comme cour de justice, de tous les procès politiques, préférablement au jury, qui ne comprend pas les besoins élevés de la société, ou qui les comprend autrement que le pouvoir.

Faire de la pairie une cour de justice, est à mes yeux un immense danger pour elle, et un danger non moins grand pour le chef de l'État.

D'abord, en principe, il ne faut pas que le pouvoir qui

(1) Loi qui porte que la dignité des pairs est conférée à vie et n'est pas transmissible par droit d'hérédité.

fait les lois, juge les hommes qui sont accusés de les avoir violées. Le législateur, indépendamment des passions qui peuvent l'entraîner, même à son insçu, vers un système absolu d'administration et de politique, a naturellement une prédisposition pour les lois qu'il a discutées et votées. Il ne faut pas que son amour-propre soit en contact avec le mépris que l'accusé a fait de ses prescriptions; mais, indépendamment de ce motif qui se lie à la saine distribution de la justice, il y a une autre raison non moins grave qui tient à la constitution de l'État. N'apercevez-vous pas tout de suite le danger pour l'un des grands pouvoirs (et précisément il s'agit ici du pouvoir modérateur) de juger les causes politiques, d'être obligé, au cas de culpabilité reconnue, de condamner les exaltés de tous les partis, soit à mort, soit à des peines infamantes, et d'assumer ainsi sur lui des haines vivaces et qui ne pardonnent pas? Soyez en sûrs, si le parti républicain acquérait un jour de l'influence, il ferait cruellement sentir à la pairie la faute qu'elle commet; vous l'entendriez, rappelant toutes les condamnations, qu'elle aurait prononcées, exhumant les victimes, faisant revivre, palpitantes d'intérêt comme au jour du débat, toutes les causes que la cour aurait jugées, demander à grands cris la suppression d'une chambre qui, suivant lui, n'aurait pour fondement de son édifice que des chaînes et du sang.

Pour le gouvernement, les objections contre l'adoption de ce système ne sont pas moins graves.

Indépendamment de la défiance qu'il laisse percer contre la justice ordinaire du pays, en saisissant habituellement une juridiction exceptionnelle, ne voit-il pas qu'il élève sur un piédestal des scélérats vulgaires? et qu'en donnant à ces misérables, pour juges, les pairs de France, et pour salle d'audience la première cour du royaume, il fait trôner les assassins? n'a-t-il pas remarqué la jouissance qu'éprouvent ces hommes à devenir des personnages importants et historiques? ne sait-il pas que le Français, indifférent sur la vie, quand la mort surtout peut lui donner quelque réputation, caresse volontiers cette idée de marquer dans l'histoire? Oui, si la passion politique fait naître la pensée du crime, le besoin de produire de l'éclat et de se faire un nom, soutient et anime la volonté d'exécuter; et par le retentissement du procès et l'appareil royal que vous donnez au jugement, vous faites ainsi, sans le vouloir, sortir de terre des régicides.

Je ne comprends, tout au plus, la juridiction des pairs que dans le cas où des princes déchus tentent de ressaisir le sceptre, ou que de grands fonctionnaires de l'Etat sont accusés de trahison. Il est possible qu'il y ait certaines causes au-dessus de l'indépendance d'un simple jury. En Angleterre, la chambre des lords se constitue en cour criminelle pour le jugement des pairs accusés de félonie, et lorsqu'un de ses membres, lorsque des ministres ou des généraux sont inculpés par la chambre des communes, en vertu de son droit de haute surveillance. Il devrait en être de même parmi nous (1).

Tout ceci démontre que, dans l'intérêt de la pairie comme dans celui du chef de l'Etat, il faut revenir à l'hérédité. Avec l'hérédité, les pairs s'apercevraient bientôt qu'ils doivent se hâter de repousser un dangereux accroissement de puissance; et le pouvoir exécutif reviendrait

(1) J'admets encore que la pairie peut-être constituée en pouvoir judiciaire lorsqu'il y a outrage ou diffamation envers elle.

au droit commun, que les partis ne pourraient plus l'accuser de violer impunément.

Après avoir ainsi constitué l'État politique, tout n'est pas dit : il faut que les diverses parties de l'administration publique correspondent et se coordonnent avec les jallons que j'ai posés : l'organisation intérieure de la France devra d'abord fixer notre attention.

D'abord, je me garderai bien de porter atteinte au beau système de centralisation qui régit l'administration française.

L'unité dans le territoire existait depuis Louis XIV; mais c'est à l'assemblée constituante, c'est ensuite au conseil d'État de l'empire, et plus encore à cette volonté de fer du grand homme que nous devons l'unité dans les lois, l'unité dans l'organisation du gouvernement, et, par suite, l'unité dans l'action de ces lois et du pouvoir exécutif sur la population tout entière.

La division de la France en 86 départements, décrétée par l'assemblée constituante, effaça les démarcations des provinces, força à jeter des ponts sur tous les fleuves, à ouvrir les montagnes, à créer, enfin, de tous côtés de nouvelles communications, pour réunir en fait ce qui venait de l'être par le droit. Dès ce moment, il n'y eut plus de Bretagne, de Bourgogne, de Champagne, de Normandie, d'Orléanais; il n'y eut plus que des sections de territoire, ressortissant directement d'un pouvoir central, et il n'en pouvait être autrement : l'unité de territoire et l'unité des lois étant données, l'unité dans l'organisation et dans l'action du pouvoir exécutif en découlait naturellement. Ainsi, à partir de la révolution de 89, il y eut partout en France même circonscription territoriale, partout mêmes lois, partout mêmes tribunaux, même justice civile, criminelle, commerciale et administrative, partout même hiérarchie, même ordre de subordination, partout même action du pouvoir : la commune obéit au maire, le maire au sous-préfet, le sous-préfet au préfet, et le préfet au ministre : sur un mot du chef de l'Etat la France peut se lever comme un seul homme. « C'est « de la sorte que tous les services s'enchâssent et que le « gouvernement, poussé par la centralisation, agite ses « mille bras, et va tout d'une pièce, et, pour ainsi dire, « machinalement, de même à peu près que lorsque l'os- « cillation est donnée au pendule d'une vaste horloge, « l'aiguille marche, le cadran sonne, et les engrenages les « plus fins et les plus déliés, tournent avec précision sur « leurs pivots de diamant (1). »

Voilà tout le mécanisme administratif de la France, système admirable d'unité, de simplicité, système qui semble, à un esprit vulgaire, très-facile à imaginer, système que cependant tous les autres peuples nous envient et qu'ils ne peuvent établir dans leurs pays, enchaînés qu'ils sont par la diversité des lois, des coutumes, des mœurs, des priviléges de toutes sortes qui dominent dans chaque province.

Ce n'est pas à l'intérieur seulement que les avantages de la centralisation se font sentir. Son action, qui a le despotisme d'un tyran, sans en avoir les caprices, se projette même à l'extérieur; aussi nous a-t-elle servi puissamment pendant la guerre; elle fut une des causes de nos triomphes : la promptitude de nos mouvements était telle,

(1) Extrait du discours *sur la Centralisation*, de M. de Cormenin.

que nous frappions l'ennemi, même avant de l'atteindre, d'une sorte d'éblouissement magnétique. Cette pesante Autriche ne pouvait comprendre la rapidité avec laquelle la France réparait ses échecs, remplaçait les vides que le canon ou les maladies avaient fait dans ses cadres, et levait les impôts nécessaires pour payer, armer, instruire et faire marcher tout aussitôt d'innombrables soldats. « Lorsque Napoléon arrivait à l'armée, il tenait déjà dans sa « main tous les éléments de la victoire; c'était la centra- « lisation qui les lui avait remis (1). »

Grâce aux nouvelles routes dont le génie des arts et de l'industrie s'apprête à doter notre pays, la puissance de notre centralisation doit augmenter encore.

Supposons un instant qu'une invasion nous oblige à lever en masse les hommes en état de porter les armes, et à les transporter du midi au nord de la France : aussitôt le télégraphe étend ses ailes sur tout l'empire; en quelques minutes l'ordre est transmis. — Et comme un cheval impatient du frein, hennissant, et cependant docile, la vapeur, quoique soumise, mugit, et tout-à-coup, fait glisser ses chars sur le sillon de fer, entraînant à sa suite un peuple entier; ce peuple de voyageurs, c'est la France armée, obéissant à l'action du pouvoir central. En trois jours, un million d'hommes venus de l'ouest, de l'est, du midi, se trouveront réunis sous les murs de Paris ou sur nos frontières du nord; en trois jours nos jeunes gardes nationaux, secondant l'armée, pourront être transportés sur le Rhin, y livrer bataille, la gagner, et trois jours après

(1) M. Saulnier, ancien préfet du Loiret, brochure *sur les Avantages de la Centralisation*.

se retrouver dans leurs foyers, tranquilles auprès de leurs mères, à peine rassurées par leur retour contre ces guerres qu'elles détestent.

Il était bon de rappeler à la France, un peu oublieuse du mérite de ses institutions, les avantages immenses de la centralisation; et d'ailleurs, il n'est pas inutile que les puissances étrangères apprécient nos forces avant de s'aventurer dans les chances périlleuses d'une nouvelle invasion. C'et avertissement est un petit service qu'on peut leur rendre sans cesser d'être bon Français.

Malheureusement l'opposition tend à décentraliser les diverses parties de l'administration; elle s'efforce chaque jour de briser le lien qui unit les communes à l'administration centrale; elle veut arriver à les émanciper complétement. Cette émancipation entraînerait un double malheur: l'ordre à l'intérieur serait détruit, et, en cas d'invasion, notre puissance, faute d'union, gravement compromise.

Il serait difficile, en ce moment, de changer les lois qui régissent les communes; mais, au moins, faut-il s'efforcer de les renfermer dans leurs limites. Une des causes des désordres qui règnent dans les séances des conseils municipaux des grandes villes de France, c'est la publication des débats des séances, publications qui tendent à nuire, sans utilité pour l'intérêt de la commune, à la considération des membres paisibles. Ces publications quelquefois mensongères, et presque toujours infidèles, influent sur l'opinion des électeurs; et on arrivera ainsi en peu d'années, et c'est là le but de l'opposition exaltée, à expulser de tous les conseils les hommes de modération et de prudence, qui sont dans une réunion municipale les citoyens les plus utiles.

La publication des débats rend, en outre, les discussions plus vives, plus irritantes; elle excite les conseillers à flatter les opinions du dehors. Les passions politiques entrent ainsi dans le conseil, et finissent par dicter une délibération qui devrait toujours être froide et impartiale. Par cette publicité, les opposants réagissent sur les électeurs, se créent ainsi parmi eux une sorte de popularité, et parviennent ensuite, non-seulement à diriger les élections municipales, mais même les élections de députés. Qu'il y ait en France cinquante conseils municipaux de chefs-lieux où l'opposition domine, et l'esprit de la chambre des députés sera complétement changé, même dans son opposition actuelle.

Cette indépendance et ces libertés des communes pouvaient être utiles dans des siècles où la royauté avait besoin d'un contre-poids contre l'ambition et la puissance des grands; elles étaient utiles encore, lorsque les classes moyennes, bégayant à peine quelques mots de liberté et d'indépendance, avaient besoin de toute leur jeune énergie pour faire établir et maintenir les droits et priviléges de la cité; mais, en présence de notre constitution politique, en présence de l'immense publicité des débats des chambres, et de la liberté de la presse toujours prête à signaler à l'opinion publique ce qui pourrait porter atteinte aux droits du citoyen; en présence, enfin, de la position de la France par rapport aux puissances étrangères, et de la nécessité absolue où nous sommes de vivre unis pour être forts, les communes doivent, dans l'intérêt bien compris du pays, se prémunir contre elles-mêmes et enchaîner autant que possible cet esprit de turbulence révolutionnaire, qui pourrait avoir pour l'avenir les conséquences les plus graves (nous en avons la triste preuve dans la question du recensement). Non, il ne faut pas, dans l'intérêt de l'ordre général, qu'un conseil municipal, à l'aide de la publication de ses débats, puisse se transformer en une petite république vaniteuse, *tracassière*, toujours prête à se mettre en révolte contre le pouvoir central (1).

Dans un gouvernement représentatif bien organisé, c'est-à-dire dans celui qui veut que la liberté n'altère pas l'action de la centralisation sur les masses, il ne doit y avoir qu'un seul pouvoir démocratique au sommet de l'édifice gouvernemental : celui de la chambre des députés. Ce pouvoir, qui est d'ailleurs presque toujours en permanence à l'aide de la liberté de la presse, suffit à la défense de tous les intérêts populaires.

Une partie non moins importante de l'administration de l'Etat, est ce qui concerne le clergé. On reproche au ministère de suivre envers lui les mêmes errements que Charles X; je ne le pense pas; mais s'il en était ainsi ce serait une grande faute.

Le gouvernement, d'accord avec notre loi fondamentale, doit, sous le rapport légal et administratif, une égale protection à tous les cultes. Point de religion domi-

(1) Si l'on ne peut empêcher la publication, il faudrait au moins ne permettre qu'une publication officielle : le secrétaire de la mairie devrait être autorisé par la loi à être présent aux séances, à rédiger le procès-verbal; ce procès-verbal serait signé du maire; la loi pour les conseils municipaux devrait défendre toute autre espèce de publication. Si par hasard des difficultés s'élevaient sur la rédaction du procès-verbal, le conseil déciderait s'il y a lieu ou non à une rectification. On conçoit que les procès-verbaux étant lus et approuvés à la fin de chaque séance, ou, au plus tard, à la séance la plus proche, il ne pourrait presque jamais y avoir lieu à des débats pour une rectification.

nante, c'est la volonté de la charte, qui n'est en cela que l'écho de la volonté nationale; et pourquoi le gouvernement voudrait-il une religion dominante? la religion chrétienne n'est-elle pas la plus belle, la plus pure, la plus consolante de toutes les religions? Qu'elle domine parce qu'elle est parfaite, rien de mieux; mais rien de plus. En renfermant mes observations dans le cercle des cultes qui se rattachent au christianisme, je dirai: Confiant dans la puissance du créateur, laissez brûler l'encens dans tous les temples, sans rechercher vers quelle divinité l'encensoir s'élève.

Ne vous rappelez-vous donc pas tous ces petits prophètes surgis de terre, lors de l'ébranlement du sol en 1830 : de tous côtés on n'entendait parler que de religions nouvelles, que de grands-prêtres, que de disciples. Un lustre à peine s'était écoulé....., et tous ces prêtres improvisés, tous ces prétendus prophètes descendaient de leurs chaires usurpées, aux applaudissements de la multitude.

La religion chrétienne, secondée par les vertus et la tolérance du clergé français, a une puissance immense. Lors même qu'elle cesse d'être dans les pratiques de l'homme, elle le domine encore par les principes d'égalité et de charité qu'elle dépose dès l'enfance dans son cœur.

Il y a peu de religion en France, dans le sens restreint que l'on attache à ce mot; mais il y a, dans toutes les classes de la société, un sentiment religieux très-prononcé. Voyez le peuple parisien après les trois journées : le lendemain de sa victoire, il se précipite au pied des autels, et prie sans distinction pour toutes les victimes de la guerre civile. Ces hommes ne croient peut-être pas à tout ce que l'église enseigne, cependant ils viennent prier, ils s'abaissent, ils s'humilient devant l'éternité, devant cette puissance divine dont ils admirent et conçoivent l'existence par la grandeur même des prodiges de la création, sans pouvoir la comprendre et la définir : voilà leur religion. En présence d'une si rare philosophie dans un peuple entier, bien fous seraient les chefs de l'Etat qui voudraient dominer sa foi par l'appui indiscret accordé à une religion qui chercherait à devenir dominante.

Mais si le gouvernement doit rester étranger au libre exercice de tel ou tel culte, il doit bien se garder cependant d'être indifférent sur tout ce qui a rapport à la solennité et à la dignité de ces mêmes cultes : dignité qui souffre de l'état peu décent dans lequel se trouve un grand nombre d'églises.

Les recettes annuelles des fabriques étant absorbées par les dépenses ordinaires, elles sont dans l'impuissance de pourvoir aux dépenses extraordinaires. Lorsque des circonstances graves et imprévues exigent l'intervention de la commune, les maires sont obligés de recourir aux centimes additionnels (1), les ecclésiastiques à la charité des fidèles; mais ces moyens réunis sont presque toujours insuffisants.

Il est vrai que la bienfaisance de la reine et des princesses est admirable; honneur à elles! mais une triste expérience nous a appris que les révolutions, comme les torrents, laissent des traces profondes de leur passage. La

(1) Dans les campagnes les centimes additionnels sont tout-à-fait insuffisants, et il est presqu'impossible de déterminer les cultivateurs à faire les plus légers sacrifices. Il pourrait bien y avoir dans notre immense budget une somme affectée à ces dépenses : ce dont les préfets peuvent disposer chaque année est presque dérisoire.

plupart des églises, dévastées en 93, ou manquent de ce qui est nécessaire à la majesté des cérémonies, ou ne sont pas en rapport avec l'augmentation de la population qui s'y presse et avec les nouvelles circonscriptions des cures.

Un inspecteur des monuments publics devrait successivement, et d'année en année, visiter les églises d'une partie de la France, et signaler au gouvernement les changements et améliorations à faire pour conserver, agrandir et même embellir ces édifices.

Les églises de villages surtout sont encore dans un état déplorable. Nous ne songeons, en général, qu'à décorer les villes, qu'à les orner de fontaines, de statues, de musées et de monuments de toutes sortes, et nous oublions que près de nous est le pauvre habitant des campagnes, au bien-être et au bonheur duquel il faudrait cependant penser un peu. Pour lui l'église est le seul monument public qui puisse flatter son amour-propre ; — c'est plus qu'un monument, c'est l'édifice embelli de ses joies, arrosé de ses larmes; c'est là que reposent ses pères, c'est près de là qu'il reposera un jour. Il ne peut faire un pas dans ce saint lieu sans y retrouver un souvenir.

On devrait accorder aussi une attention toute particulière aux chants de l'église, presque toujours altérés, même dans les grandes villes; cette observation, qui paraîtra à certains esprits peu importante, a pourtant une haute gravité. Quel respect peut inspirer au peuple une religion dont on laisse défigurer les chants et dont les solennités ne sont pas entourées de pompe et de dignité? Les anciens pensaient que la musique adoucissait les mœurs; elle fait plus : l'harmonie élève l'âme, et dispose admirablement l'homme aux pensées de l'avenir et de l'infini. Ces pensées l'occupent si peu dans notre siècle, qu'on ne saurait mieux faire que de l'y ramener peu à peu par le charme et la douce influence des beaux-arts.

Du culte religieux, je passe à l'examen du mode d'instruction adopté pour la jeunesse, de cette instruction qui exige chez ceux qui exercent les honorables fonctions du professorat presque toutes les vertus du sacerdoce.

Les plaintes des classes moyennes sont vives et unanimes, et, en effet, les vices du mode adopté sont si palpables, que l'on ne conçoit pas comment on peut méconnaître à ce point les droits du père de famille (1).

Sans doute il faut rendre justice aux ministres qui se sont occupés activement de l'instruction primaire; mais, qu'on y prenne garde! si l'on ne parvient pas à harmoniser l'éducation des hautes classes avec celle des dernières, le peuple dont vous allez hâter le développement par l'étude des sciences pratiques, sera bientôt plus habile que les classes élevées dans l'art de vivre en société, et ce progrès peut devenir ainsi le germe d'une immense révolution.

Instruire le peuple est le premier de tous les devoirs : une instruction morale, chrétienne, est le pain de l'âme que le pouvoir doit prodiguer aux malheureux; cette ins-

(1) Comment peut-on employer sept à huit ans de la vie des enfants à travailler deux langues mortes? Depuis quelque temps on mêle à l'étude de ces langues celle d'une langue vivante; mais on n'accorde pour la langue vivante, soit l'anglais, soit l'allemand, qu'une leçon par semaine. L'université tantôt s'engage dans la voie du progrès, tantôt a frayeur et recule, suivant le système particulier du ministre. Il devrait y avoir un grand-maître de l'université indépendant des bouleversements périodiques des ministères. Dans l'intérêt de la jeunesse, il est indispensable que l'instruction comme l'éducation aient des règles immuables qui soient à l'abri des vicissitudes humaines.

truction est indispensable surtout dans un gouvernement représentatif, où la presse et la tribune s'unissent à l'envi pour signaler les droits du peuple, et lui crient tous les jours d'en user; mais, en lui ouvrant les yeux, n'oubliez pas que vous allez ajouter à cette passion qui le domine de sortir de sa sphère; ce sont encore des masses qui vont avec fierté relever la tête. Faites donc en sorte de placer au-dessus d'elles un foyer de lumière dont l'éclat leur impose. Il faut que le peuple soit obligé de s'avouer la nécessité de son obéissance; il faut qu'il reconnaisse qu'il ne fléchit que devant des supériorités de talent, devant ces grandes notabilités gouvernementales et parlementaires, qui sont aussi une puissance dans l'État.

Et ces capacités ne se présenteront qu'en développant les hautes études, qu'en créant des écoles normales supérieures, qu'en excitant l'ardeur de la jeunesse par tous les moyens d'émulation qui sont à la disposition du gouvernement; c'est ainsi, d'ailleurs, que vous développerez et fortifierez en elle le principe monarchique.

« Dans les monarchies,» dit encore cet admirable auteur que nous rencontrons toujours sur notre route, parce qu'il a tout deviné et pénétré dans tout, « l'éducation « doit avoir pour objet l'honneur; l'éducation ne travaille « qu'à élever le cœur; elle ne cherche qu'à l'abaisser dans « les États despotiques. C'est donc à inspirer ce sentiment « de l'honneur que le gouvernement doit être attentif; « mais pour que les enfants puissent l'avoir, il faut que « les pères l'aient eux-mêmes.

« Ce n'est pas l'homme naissant qui dégénère; il ne se « perd que lorsque les hommes faits sont déjà cor- « rompus. »

Il est d'autant plus nécessaire de briser les chaînes qui tiennent les sciences captives, que l'une d'elles, la plus utile de toutes pour la société, la science de l'économie politique, ne peut faire de progrès qu'à l'aide de la liberté d'instruction, ou au moins à l'aide d'un mode d'instruction supérieure.

Nos enfants sont experts dans le grec, dans le latin ; mais l'étude de ces belles langues est d'un poids bien léger dans la balance où se pèsent le bonheur et l'avenir des générations.

Nous apprenons tout, sauf ce qu'il est essentiel de savoir, c'est-à-dire les moyens de développer la force et l'industrie des nations entre elles et de chacune d'elles en particulier, sans secousse, sans trouble, et sans les précipiter les unes sur les autres.

Qui s'occupe de l'économie politique? Quelques savants, quelques publicistes....... C'est pourtant parce qu'une science est peu avancée qu'il faut que beaucoup la cultivent; c'est ainsi qu'on arrive à ce choc d'opinions d'où jaillit la lumière, et c'est alors que quelques hommes de génie s'élèvent au-dessus du vulgaire, et comme ces astres voyageurs, indiquent par une trace lumineuse la route qu'il faut parcourir dans l'immensité.

Quelle influence n'auraient pas sur les destinées de la patrie des hommes qui, par leurs études, seraient à même de juger, au premier examen, des besoins, des ressources de chaque département, et des mesures administratives qu'il faut prendre pour assurer leur prospérité !

Au lieu de cette expérience qu'on a le droit d'exiger de ceux qui se chargent du gouvernement des sociétés, on ne trouve partout qu'hésitation, tâtonnement; le temps s'écoule, le mal empire : comme le chirurgien armé de son scalpel, la plupart de nos administrateurs s'exercent sur le pays, qui paie bien cher leur apprentissage.

Oui, nous sommes tout-à-fait ignorants dans l'art de civiliser les nations, de les faire vivre en société, et d'ajouter quelques heures au temps déjà si court de leurs joies d'ici-bas.

Quand une difficulté s'élève soit dans le peuple, soit entre les divers gouvernements, c'est le canon seul qui la tranche; par lassitude, par épuisement, les parties belligérantes s'arrêtent; puis, à l'expiration de la trève, à laquelle on donne le beau et si doux nom de la paix, les passions endormies se réveillent, puis la guerre recommence jusqu'à ce que le sol soit jonché de cadavres et la terre imbibée du sang de ses enfants. L'Europe est un vieillard qui retombe tous les vingt ans dans les folies de sa jeunesse.

Je ferme les yeux sur les temps de la féodalité, sur les proscriptions religieuses, sur tous les crimes et désastres du moyen-âge. Que voyons-nous à des époques plus rapprochées de nous?

Des rois guerroyant par vanité, se figurant que leur gloire est attachée, non pas à leurs vertus, mais au bruit des échos qui rediront leurs noms à la postérité; des nations jalouses de la puissance d'une nation voisine et excitant leurs chefs à la guerre; princes et peuples couvrant leur patrie de deuil et de sang au nom de la religion, au nom du commerce, innocentes victimes de tous ces hauts faits! Et lorsque par hasard un rayon d'espérance et de calme vient luire pour ces peuples, las de s'entre-égorger, il faut que la civilisation, laborieuse Arachnée, recommence son ouvrage, jusqu'à ce qu'une nouvelle guerre vienne le détruire de nouveau.

Parmi ces nations, cependant, beaucoup de moralistes, d'orateurs, de philosophes; pas un homme modeste, mais puissant par sa sagesse, par l'énergie de sa parole, et qui ait la force de dire et redire à haute voix :

« Les nations n'ont qu'à gagner à des communications amicales; une prépondérance forcée n'est avantageuse pour personne, pas même pour ceux qui l'exercent; les discordes sont fécondes en malheurs de toutes sortes, sans aucun dédommagement, si ce n'est une vaine gloire et quelques dépouilles bien chétives, quand surtout on les compare aux fruits légitimes qu'un peuple peut tirer du commerce et de la production (1).

Les observations que j'ai présentées sur l'instruction nécessaire aux administrateurs, me conduisent naturellement à l'examen de l'instruction qui convient au magistrat.

A peine le jeune homme qui se destine à la magistrature ou au barreau est-il reçu bachelier ès-lettres, qu'il est forcé de résider trois ou quatre ans à Paris, pour être reçu licencié et docteur en droit. Fous que nous sommes! nous voulons une monarchie et nous envoyons nos enfants étudier à Athènes! Ce n'est pas ainsi que les peuples voisins procèdent; leurs principales universités sont éloignées des capitales: en Angleterre, Oxford; en Allemagne, Gœttingue, et en France, avant la révolution, Orléans pour le droit, Montpellier pour la médecine. Encore si les jeunes gens n'étaient pas livrés à eux-mêmes, si l'école de droit

(1) Say. L'Angleterre devrait bien méditer ces paroles de Say.

de Paris était établie sur la même base que l'école polytechnique ou l'école normale, les parents auraient quelque garantie pour l'avenir; mais non, peu soucieux de tout ce qui tient à la moralité de l'éducation, nous abandonnons nos fils à leurs propres forces, sans conseils, sans appuis: libres dans ce séjour d'illusion et de prestiges, leur imagination est séduite par l'attrait du luxe, des plaisirs et des spectacles, et se laisse bientôt entraîner vers ce courant électrique de voluptés qui traverse Paris et le tient sous sa puissance.

Quelques jeunes gens, doués d'une haute raison, luttent cependant avec courage, et parviennent à conserver ce repos de l'âme, ce calme de l'esprit qui s'harmonisent si bien avec l'étude. Nous croyons qu'ils vont échapper au danger, vain espoir!.... leur vertu va céder aux premiers flots populaires de la cité.

Aveuglés par des théories politiques, qu'ils sont trop jeunes pour apprécier dans leurs conséquences, ils se jettent dans toutes les exagérations des partis; et se croyant appelés à changer incessamment la destinée du pays, ils rougissent de l'école et désertent ses bancs; heureux encore le père dont le fils n'a perdu que son temps!

Il est du devoir et de l'intérêt d'un gouvernement monarchique de remédier à cette dangereuse éducation, car, avec une jeunesse viciée par de mauvais principes et de mauvaises mœurs, le pays n'aurait plus d'avenir; il y a plus, son caractère politique s'altérerait; nous ne saurions mieux faire pour hâter l'établissement de la république.

Peut-être me reprochera-t-on de rembrunir le tableau et de généraliser quelques cas d'exceptions. Dieu merci! la jeunesse entière n'est pas frappée dans sa santé et dans ses mœurs ; nous pouvons compter encore et de jeunes avocats et même des magistrats remarquables par leurs talents ; mais combien succombent ou se survivent à eux-mêmes ! Et quand même une sagesse tardive prolongerait la vie du jeune étudiant et lui permettrait encore de parcourir cette noble carrière de la magistrature et du barreau, est-ce d'un corps usé et d'une âme flétrie que sortent ces pensées véhémentes, ces mouvements oratoires, cette richesse d'expressions, ces tours heureux qui enchaînent les auditeurs, cette profondeur de jugement, plus rare encore que l'éloquence, et surtout ces actions d'un courage sublime auxquelles la postérité attache son éternelle admiration ?

Je reconnais toutefois, et je suis heureux de proclamer hautement, que la magistrature se compose presque entièrement d'hommes honorables.

Probité inaltérable, modération dans les principes, mesure et sagesse même dans la conduite privée, réunion de toutes les qualités du père de famille, amour de ses devoirs, voilà les nobles caractères de la magistrature française.

C'est beaucoup sans doute, ce n'est pas assez pour un peuple aussi haut placé dans l'opinion de l'univers. Si des qualités de l'honnête homme je passe à l'examen du magistrat, je ne vois plus, surtout dans beaucoup de tribunaux d'arrondissement (1), que des hommes qui, sous le rapport de la science du jurisconsulte, ne sont pas toujours à la hauteur de leurs fonctions.

(1) Il y a certainement à la cour royale d'Orléans de hautes notabilités judiciaires, et je pourrais citer, au tribunal, mes honorables collègues ; mais, avec l'influence politique qui domine, il sera, je le crains, bien difficile de les remplacer un jour.

Qu'on ne donne pas à mes paroles une étendue qu'elles ne comportent pas. Je n'entends pas dire que ces magistrats ne sont pas des hommes d'esprit et de capacité, dans le sens que le monde attache à ce mot; mais c'est la science de leur état que je cherche en eux, et cette qualité si nécessaire manque à un grand nombre.

D'où vient cela? c'est que l'édifice pèche par la base, c'est qu'il n'y a pas véritablement d'instruction pour le droit. Parmi les magistrats vous trouverez des littérateurs distingués, des mathématiciens, des poètes même, rarement un jurisconsulte, plus rarement encore un homme exercé aux affaires, et les saisissant d'une manière supérieure. Quelques-uns même seraient dans un assez grand embarras pour faire un ordre, une liquidation ou pour présider une cour d'assises.

D'où vient cette faiblesse dans les sujets?..... des premières études, d'une mauvaise direction suivie dès l'origine, des vices de la première instruction. C'est ainsi que l'enfance se ressent toute sa vie des défauts d'une première éducation. Ayez de fortes études en droit, créez une école normale de jurisprudence, n'y recevez les jeunes gens que lorsqu'ils auront donné des garanties de travail et d'intelligence, et après un sévère examen ; qu'ils soient obligés de résider dans l'école pendant deux ans, il en sortira des magistrats qui, toute leur vie, seront dominés par l'amour de la science et l'amour de leur état (1).

(1) Toutefois je pressens une objection contre ce système. Le magistrat, me dira-t-on, doit être plutôt un homme du monde qu'un savant, car pour bien juger les procès, il faut savoir pénétrer dans les replis du cœur humain ; il faut donc qu'il vive constamment au milieu de la société. Je réponds que l'homme du monde , magistrat, s'il manque d'ins-

La création d'une école supérieure pour le droit est d'ailleurs pour le gouvernement le seul moyen de faire graviter vers lui les capacités.

Pour tous les hommes qui ne sont pas frappés d'une sorte d'aveuglement, la révolution de juillet a complété cette preuve, qu'aucun gouvernement ne peut avoir de durée en France, si, mettant de côté les classes moyennes, il s'appuie uniquement sur l'aristocratie de naissance.

Les jeunes gens qui composent les anciennes familles de robe arrivent toujours vite, et dans un nombre supérieur aux forces qu'ils représentent dans l'Etat; ils doivent cet avantage immense à leur position sociale.

Si donc le gouvernement n'accorde pas une protection toute spéciale aux capacités, s'il ne leur tend pas la main, pour qu'elles puissent monter les premiers degrés de l'échelle sociale, elles restent en arrière, elles bourdonnent

truction, doit souvent commettre de graves erreurs, car s'il juge seulement l'homme, le procès se réduit toujours à une question d'équité. Ce n'est pas le droit qui est sa boussole, ce sont des considérations de faits, qui le plus souvent ne sont que des lueurs trompeuses. Mais ce qui manque aux hommes dont se compose la magistrature, ajoute-t-on, c'est moins la science que la connaissance des affaires : ce qui leur manque, c'est d'avoir été premiers clercs de notaires ou d'avoués. Ce raisonnement serait vrai, si le fait était praticable ; mais on oublie qu'il n'y a qu'un très-petit nombre de jeunes gens qui arrivent à être premiers clercs, et qu'on ne pourra jamais astreindre des jeunes gens ayant une certaine position dans le monde, à travailler six à sept ans chez un avoué, avant de commencer leur carrière de magistrat. Pour remédier autant que possible à ces inconvénients, ma première pensée serait de créer, dans l'école, une chaire spéciale de notariat et de procédure pratique ; je choisirais pour professeurs de ces cours, non des savants, mais d'habiles praticiens, qui présenteraient des espèces, feraient rédiger des conclusions, naître des incidents dans les procédures, de manière à intéresser les élèves, et, en outre, en sortant de l'école, j'exigerais un an de travail au Palais : on parviendrait ainsi à tout concilier.

autour de lui, le harcèlent sans cesse, obscurcissent sa marche, et font si bien qu'il reste seul au milieu du pays, avec une aristocratie et un clergé dont les racines sont éparses de tous côtés sur le sol.

Le seul moyen pour le gouvernement de distinguer les capacités dans la foule, c'est d'arriver à écarter les médiocrités par la puissance même des institutions.

Mais à quels signes reconnaître les hommes capables? Je réponds : A leur admission, à leur séjour, à leurs succès dans l'école normale de jurisprudence.

D'où vient qu'il suffit d'avoir été élève de l'école polytechnique pour recevoir du public un brevet de capacité?

C'est que rien que l'admission exige de nombreuses connaissances et un travail des plus opiniâtres, et le public a foi dans l'homme laborieux.

Or, pourquoi donc exiger moins des magistrats que des militaires?

Je concevais cette pensée de la part de Napoléon, car il avait surtout besoin d'officiers d'artillerie et de génie expérimentés; il a, sinon créé l'école polytechnique, au moins constamment accordé ses faveurs à cette école et aux sujets distingués qui en sortaient. Mais, depuis la révolution de 1830, ce qu'il faut à la France, ce sont des citoyens éclairés, des administrateurs habiles, des magistrats qui soient au-dessus de leurs fonctions.

Pourquoi, lorsqu'il s'agit de choisir un député sommes-nous toujours dans le plus grand embarras? Ce ne sont pas les gens d'esprit et les hommes ambitieux qui manquent, il y a foule à la porte du temple; ce qu'on cherche presque toujours en vain, ce sont des hommes vraiment instruits, des hommes versés dans le droit public et dans toutes les sciences qui composent l'économie politique.

En résumé, que l'homme instruit soit sûr d'arriver, et toutes les capacités, devenues satellites du gouvernement, au lieu de le gêner dans sa marche, l'éclaireront; il les entraînera sans efforts dans sa sphère d'activité (1).

Une magistrature forte par la science, puissante par ses talents oratoires, est d'autant plus nécessaire de nos jours, que la liberté de la défense est plus grande et que les avocats puisent dans cette liberté même plus d'éloquence et d'énergie.

Autrefois, le conseil de l'accusé présentait modestement les moyens qui militaient en faveur de son client, mais il se gardait bien de donner aux faits une couleur que l'évidence du débat aurait démontrée contraire à la vérité; plein de respect pour la magistrature, il se gardait encore plus de rien dire qui pût porter atteinte à la déférence profonde dont il l'environnait. Aujourd'hui, il s'est formé dans toute la France une école nouvelle composée d'avocats distingués par leurs talents comme leurs prédécesseurs, mais plus hardis qu'eux. Athlètes jeunes, quelquefois inexpérimentés, mais audacieux, ils se jettent avec passion au milieu des débats criminels, préludant dans ces luttes du barreau aux orages parlementaires que tous entrevoient et espèrent dans leur ambitieux avenir;

(1) Malgré toute la bonne volonté et la résistance très-prononcées des ministres, l'influence des députés fait en général les nominations, et l'on décourage ainsi tous les sujets qui ne veulent pas être chaque jour sur la brèche pour enlever une place. — La dignité de la magistrature et même de toutes les carrières administratives souffre certainement de cet état de choses.

mettant de côté les traditions de leurs anciens (1), ils ont pour principe que leur devoir principal est de sauver leur client; et pour arriver à ce résultat, ils emploient tous les moyens que leur fournit une éloquence habile, souple, entraînante et quelquefois insidieuse. Erreur grave! mais bien excusable, car nous verrons bientôt qu'en agissant ainsi ils ne font que céder à l'empire de la société qui les presse et de la loi qui les convie indirectement à la violation de leurs devoirs.

(1) On comprendra sans doute qu'il ne s'agit ici ni de la probité, ni de l'indépendance, ni de toutes ces qualités précieuses qui distinguent une profession qui est aussi noble que celle de la magistrature. La critique ne porte que sur les moyens employés généralement de nos jours pour arriver au succès de la défense. Ecoutons un conseiller à la cour de Dijon, M. de la Cuisine, dans son ouvrage sur l'administration de la justice criminelle: « Partout, dit-il, les accusations sont disputées avec une liberté d'esprit qui dépasse le plus souvent la mesure d'une controverse légitime. Dans les préoccupations de l'audience on fausse les faits, on dénature les preuves, on force les conséquences, on équivoque sur les certitudes, on nie parfois l'évidence; l'avocat veut sauver son client à tout prix et par tous les moyens. Erreur funeste et dangereux patronage, qui n'est ni dans nos lois, ni dans nos mœurs, et bien moins encore dans les devoirs sacrés de cette profession! » (page 152.) Et plus loin il ajoute: « Dans son égarement ou dans ses préoccupations, l'avocat ne voit plus qu'un homme à sauver d'une condamnation, et peut-être un succès d'amour-propre à satisfaire; il s'incorpore à sa cause et s'identifie à son client; entraîné par cette pente funeste, il s'abandonne au dévergondage du raisonnement et aux saillies d'une imagination déréglée; il ment à sa conscience, il ose même invoquer sa propre conviction; pour lui, plus de discernement possible de la vérité et de l'erreur, de la certitude et de l'équivoque; en un mot, il se trompe lui-même, si bien il a su jouer un rôle au lieu d'un devoir qu'il avait à remplir, et c'est ainsi qu'il se rend moralement complice d'une coupable action, et fait, à son insçu, l'acte d'un mauvais citoyen. » Ce que dit M. de la Cuisine est vrai; je crois toutefois, qu'il généralise trop les entraînements des barreaux de France, et je pourrais citer celui d'Orléans, où les avocats savent souvent allier l'éloquence à la sincérité du langage.

Si, au milieu de ces luttes, le magistrat chargé de la vindicte publique est dans un état d'infériorité comme orateur, tout aussitôt l'avocat le domine par son éloquence et par l'ascendant qu'elle lui donne sur tout l'auditoire. Dès ce moment, le ministère public est complétement éclipsé : sa parole est sans force et sa voix presque méconnue, et il se trouve en quelque sorte relégué sur un plan secondaire. Alors, que deviennent les garanties de la société ? qui dans ce cas rétablira les faits présentés sous un faux jour par le défenseur ? qui rassemblera les preuves pour en faire jaillir la lumière ? qui parviendra à déchirer le voile protecteur, mais souvent mensonger, dont l'avocat s'efforce de couvrir la honteuse nudité du crime ? qui donc, enfin, raffermira dans leurs devoirs ces jurés dont on ébranle si facilement les convictions ? Il faut le reconnaître, il n'y a qu'une magistrature composée de grandes et hautes capacités qui puissent lutter avec avantage, avec honneur, contre les empiétements et la puissance du barreau.

Nous avons dit que l'erreur des avocats était excusable, parce qu'ils ne faisaient que céder à l'empire de la société qui les presse et de la loi qui les convie à la violation de leurs devoirs. Cette accusation a une double gravité ; elle attaque tout à la fois et la loi et le siècle que le législateur devrait diriger et dont au contraire il subit les pernicieuses influences. Justifions notre accusation. Qui n'a pas remarqué cette indulgence extrême de la société pour les coupables, et le vif intérêt qu'on leur porte ? Depuis 1830 surtout, le crime inspire peu d'horreur ; on dirait que l'impression qu'il produit va s'amoindrissant à mesure qu'il y a plus de révolutions et de bouleversements dans un pays. Maintenant une pitié vraiment extraordinaire nous attache en quelque sorte au coupable. A l'annonce du crime et au grand retentissement qu'il produit, on pourrait croire le premier jour que la société est indignée, mais ce n'est que de l'étonnement qu'elle éprouve, c'est une secousse nerveuse dans laquelle se complaît son imagination avide d'émotions nouvelles ; le second jour, quelques voix s'élèvent en faveur du coupable et il commence à inspirer de l'intérêt ; le troisième jour, des victimes, il n'en est plus question, et ce pauvre assassin n'est plus qu'un homme égaré dans une fausse route, subjugué par les vicissitudes de la vie, entraîné par quelques écarts de jeunesse, ou même par les injustices de notre organisation sociale. Aussi, pourvu qu'il soit doué de quelque talent, qu'il y ait quelqu'éclat dans son crime, ou qu'il se recommande par une grande énergie, tout aussitôt la lithographie, le burin, la peinture même s'emparent des traits du criminel. On se dispute ses autographes et tout ce qui vient de lui est relique. Je me rappelle encore l'intérêt qui s'attachait à Fieschi, c'est à qui dans la cour des pairs, au milieu même du sanctuaire (1), obtiendrait un mot de sa bouche, une boucle de ses cheveux, quelques lignes tracées de sa main ; je me rappelle avoir entendu la femme d'un avocat célèbre se glorifier d'avoir une lettre de Fieschi, qui la remerciait de l'intérêt que son mari et elle-même lui avaient témoigné. Le portrait de Fieschi, étalé dans tout Paris, se vendait à profusion. Quant aux personnes assassinées, elles étaient toutes à peu près oubliées, et cependant il y avait parmi elles une jeune fille de seize

(1) Il est facile de voir que je ne parle pas ici des juges, mais seulement du public.

ans, pure et innocente victime de nos querelles politiques;.... il y avait aussi un maréchal de France qui gisait étendu sous le coup d'un assassin..., lui que la mort avait épargné dans vingt batailles.

L'impudent Lacenaire faisait des vers et savait son Horace; de tous côtés lui arrivaient des mets exquis et des vins délicats. Chaque jour des hommes de lettres le visitaient, et on réunissait précieusement et ses sarcasmes et ses poésies légères; des femmes jeunes et belles voulaient lui être présentées et se désolaient de ses refus. Dans une affaire qui a eu aussi beaucoup d'éclat, un de nos plus célèbres écrivains se transportait de Paris à Bourg pour recueillir de la bouche de Péteil les explications qui lui étaient nécessaires pour publier les mémoires du condamné. Je garde le silence sur une multitude d'autres causes où les mêmes faits se sont révélés. Mais le mal que je signale n'est pas que dans les mœurs du siècle, il est aussi dans la loi. Oui, la loi, esclave couronné, n'est qu'un complice de ces mauvaises mœurs.

Les codes de l'empire avaient sans doute des défauts; ils péchaient par une trop grande sévérité; mais ils avaient été conçus dans une haute pensée politique et dans un système bien arrêté de conservation de l'ordre social établi par le chef de l'État de cette époque; les dispositions en avaient été tracées d'une main qui ne connaissait ni hésitation ni demi-mesure. Le temps, sans doute, pouvait appeler quelques modifications à ce régime; mais le législateur moderne ne s'est pas borné à des modifications; il a cru devoir saper la loi criminelle par sa base : il a suffi pour cela de deux dispositions, celle de l'art. 341 du Code d'instruction criminelle, et celle de l'art. 463 du Code pénal (1).

Le jury, à l'aide de ce système, se trouve tout-à-la-fois juge, législateur et souverain; juge, il décide si le fait est ou n'est pas; législateur, il fait varier la pénalité suivant ses caprices; souverain, il fait presque grâce. De ces trois attributions, il ne devrait en avoir qu'une, celle de juge du fait.

Chose singulière! sous un gouvernement de liberté nous avons attribué au jury le droit de juger presque sans lois, et d'être à lui seul sa propre règle, caractère particulier du juge dans les États despotiques (2). Ce droit exorbitant est le changement le plus grave qui se soit accompli en législation depuis plusieurs siècles. « Du jour que, par l'admission des circonstances atténuantes, le jury a pu

(1) Art. 341. En toute matière criminelle, même en cas de récidive, le président, après avoir posé les questions résultant de l'acte d'accusation, et des débats, avertira le jury, à peine de nullité, que s'il pense, à la majorité, qu'il existe, en faveur d'un ou de plusieurs accusés reconnus coupables, des circonstances atténuantes, il devra en faire la déclaration en ces termes : « A la majorité, il y a des circonstances atténuantes en faveur de tel accusé. »

Art. 463. Les peines prononcées par la loi contre celui ou ceux des accusés reconnus coupables, en faveur de qui le jury aura déclaré les circonstances atténuantes, seront modifiées ainsi qu'il suit : « Si la peine prononcée par la loi est la peine de mort, la cour appliquera la peine des travaux forcés à perpétuité, ou celle des travaux forcés à temps. Néanmoins, s'il s'agit de crimes contre la sûreté intérieure ou extérieure de l'État, la cour appliquera la peine de la déportation ou celle de la détention; mais dans les cas prévus par les art. 86, 96 et 97, elle appliquera la peine des travaux forcés à perpétuité ou celle des travaux forcés à temps. Si la peine est celle des travaux forcés à perpétuité, la cour appliquera la peine des travaux forcés à temps ou celle de la réclusion, etc., etc. »

(2) Montesquieu.

faire que les plus grands attentats, punis de mort par les lois divines et humaines de tous les siècles et de tous les peuples, fussent réduits par lui à la proportion d'un vol, il n'y a plus eu de parricide, d'empoisonneur et d'assassin aux yeux de la loi, comme aux yeux du peuple, et toutes les notions du bien et du mal ont été confondues (1). » Lorsque le peuple, a dit Blackstone, ne voit pas de gradation dans les peines, il est porté à croire qu'il n'y en a pas dans les crimes. Et cela est si vrai, que dès qu'un homme, sur la pente du crime, s'aperçoit qu'il y a pour les grands forfaits des accommodements avec la société et même avec la justice, ses hésitations cessent. Chose inconcevable! c'est la loi elle-même qui prend soin de l'en délivrer; car il sait que s'il est découvert, il a la ressource des circonstances atténuantes!!!..... Oui, les malfaiteurs se rient et se jouent d'un pouvoir flottant et irrésolu dans ses pénalités. Aussi, de tous côtés le nombre des crimes augmente d'une manière effrayante. La postérité aura une triste idée de notre époque, lorsqu'elle saura que dans une seule période de cinq années, de 1834 à 1838, neuf cent dix-sept accusés ont été déclarés, par le jury, coupables de crimes capitaux; que sur ce nombre le jury avait eu la faiblesse d'admettre pour sept cent trente et un des circonstances atténuantes. Il résulte de là, en effet, que l'on compte en ce moment au bagne, seulement pour ces cinq années, trente-deux parricides, quatre-vingt-sept empoisonneurs, deux cent quatre-vingt-treize assassins, et cent seize incendiaires.

La justice civile peut, jusqu'à un certain point, demeurer quelque temps en souffrance sans qu'il en résulte une

(1) M. de la Cuisine, *Administration de la Justice*, page 18.

perturbation dans l'Etat; mais il n'en peut être ainsi de la justice criminelle. Les lois pénales sont la sanction de la violation de l'ordre public; si ces lois sont énervées par une sorte d'indulgence qui équivaut presqu'à l'impunité, il n'y a plus d'ordre dans l'Etat.

Qu'on ne croie pas qu'en m'élevant ainsi contre l'abus de circonstances atténuantes, je sois disposé à demander qu'on raie cette disposition de notre législation : telle n'est pas ma pensée; mes observations ne tendent qu'à démontrer que ce n'est pas le jury qui doit les apprécier et les appliquer. Les magistrats seuls offrent dans ce cas les garanties nécessaires (1).

Les jurés, en général, sont craintifs, hésitants, et beaucoup moins occupés de l'ordre public que des soins de leur commerce, ou du désir de retourner à leurs moissons. Pourvu qu'il y ait une peine, leur conscience est satisfaite. Les jurés, considérés individuellement, sont des citoyens probes; mais réunis, ils n'ont pas de probité judiciaire; ils sont étrangers les uns aux autres, ils n'encourent aucune responsabilité : ils peuvent être indulgents et faibles avec impunité. La magistrature, au contraire, se compose d'hommes voués par goût comme par état au culte de la loi; inaccessibles à la crainte, et habitués à faire dans la distribution des peines la part de l'ordre et de l'humanité. La différence est immense entre le caractère des deux magistratures, les résultats doivent

(1) Je faisais imprimer cette partie de l'ouvrage, lorsqu'a paru l'ouvrage de M. de la Cuisine, qui développe la question que je ne fais ici que soulever. Des développements étendus sur l'administration de la justice n'appartiennent pas à mon sujet; mais je me félicite de m'être rencontré dans l'exposé des mêmes principes avec un magistrat tel que M. de la Cuisine.

l'être. Cette différence n'est pas moins grande entre leurs principes. L'on conçoit très-bien que la magistrature ordinaire ait, dans ses attributions, les circonstances atténuantes ; car dire il y a des circonstances atténuantes, en conséquence le condamné ne subira pas la peine fixée par la loi, c'est presque le droit de grâce ; et cela se conçoit pour les magistrats qui exercent leurs fonctions comme délégués du prince, qui a seul le droit absolu de gracier les criminels. Mais le jury, c'est le peuple qui juge, c'est la souveraineté du peuple en action ; or, si l'on peut admettre que le peuple, dans un gouvernement monarchique, puisse juger, au moins ne doit-il pas faire grâce, car alors il n'y a plus de jugements. Tout jugement perd son caractère de force, de vérité et de puissance, quand le pouvoir qui l'a rendu peut le détruire.

En me livrant à ces développements, j'ai justifié suffisamment cette proposition, que les avocats ne cédaient qu'à l'influence de la société et de la loi. La société veut arracher à toute force le coupable à la peine, et la loi, obéissant à son impulsion, inscrit en tête de ses dispositions ces mots : Jurés, vous êtes libres de dégrader le crime et la peine ; alors l'avocat, pénétrant dans cette pensée intime du législateur, dit à plus forte raison : Moi, que la loi investit du droit sacré de la défense, moi qui suis le seul soutien et le dernier appui d'un accusé contre lequel tant de pouvoirs s'élèvent, je dois être libre de disputer à la société la tête d'un malheureux, fût-il coupable, fût-il un parricide !... Et, vous le voyez, l'avocat réussit ! trente-deux fils ont assassiné leurs pères, et la justice du pays leur a fait grâce !

Qu'on y prenne garde ! quand la société, la loi et les

hommes les plus notables conspirent à l'envi pour sauver de grands criminels, on peut être sûr que le sentiment de l'honneur est bien affaibli dans un pays, et le système monarchique bien ébranlé.

Le développement du programme que j'ai exposé m'amène à l'examen de cette proposition : Le gouvernement ne doit-il pas s'appliquer constamment à favoriser tous les interêts d'industrie, d'ordre et d'économie générale?

Les économies! les économies! c'est le cri de toute la France. Chacun semble dire : J'administre mon patrimoine avec ordre, pourquoi n'en serait-il pas de même de la fortune publique ?

A cette pensée dominante, se joint une haine si fortement prononcée contre certains impôts et surtout contre le mode de perception employé pour en opérer le recouvrement, que les conserver paraît impossible, et cependant le ministère n'est pas disposé à opérer des diminutions. Ce que l'on reproche aux ministres qui se sont succédé depuis douze ans, c'est moins de ne pas arriver immédiatement à des économies, que de ne pas même manifester la volonté d'en faire ; et il n'y a rien qui indispose le peuple contre une dynastie, comme cette indifférence pour l'étendue des charges qu'il supporte avec tant de patience et de résignation. La conservation des droits-réunis (1), par

(1) Je m'empresse de dire que l'administration des droits réunis adoucit autant qu'il dépend d'elle, ce qu'il y a d'acerbe et de pénible dans les fonctions des ses employés. Je puis citer entr'autres la direction d'Orléans, confiée à un homme (M. Ballard) excellent administrateur, et qui se distingue autant par l'urbanité de ses manières que par son esprit de conciliation ; mais quelle que soit l'habileté des hommes préposés par le gouvernement, le mal existe, dans le mode adopté pour la perception ; ils ne peuvent que le pallier.

exemple, et cette investigation journalière, cette entrée forcée des employés dans le domicile de chaque citoyen, sont des faits irritants de chaque jour, de chaque heure, et qui fatiguent l'existence de tous : faits éclatants d'opposition avec nos deux révolutions faites par le peuple, et sans doute un peu pour le peuple. Aussi, prenez-y garde! quand vous en aurez besoin de ce peuple désenchanté, quand vous voudrez recourir à son dévouement (et dans ces temps si féconds en scènes dramatiques pour les nations comme pour les rois, il y a toujours dans la vie des grands de la terre, de ces moments de crise où il apparaît tout-à-coup au dénouement), craignez de ne plus trouver en lui que tromperie, désaffection ; craignez que votre indifférence ne transforme une nation généreuse en peuple barbare, et que la France, quand vous l'invoquerez, ne vous réponde que par des cris de sang et par ce rire satanique de la populace enivrée qui semble dire au prince : A votre tour, à descendre de ce trône : aujourd'hui le peuple est souverain. Ministres ! vous avez entendu ces terribles préludes de l'avenir dans ces manifestes de la *Société des droits de l'homme.* C'est Robespierre ressuscité, c'est Robespierre sanglant, qui d'abord fait peur, mais qui grandit avec le temps, et à mesure que les dépositaires du pouvoir deviennent sourds aux plaintes du peuple.

A ces craintes manifestées par tant d'hommes dévoués, à ces réclamations presque universelles, que répondent les conseillers de la couronne ?

Inventez, disent-ils, un moyen pour remplacer les impôts vexatoires, vous nous trouverez prêts à souscrire à vos projets de réduction, pourvu toutefois que les moyens que vous indiquerez ne se perdent pas dans le vague des théories. Ainsi le ministère chargé de gouverner dit au peuple : Inventez ! inventez ! faites des découvertes!.... Je m'arrête ici, la critique serait trop facile.

Nous admettons, toutefois, que le gouvernement se trouve en ce moment, dans l'impossibilité d'arriver à des économies, en raison de la nécessité où nous sommes d'augmenter notre marine, mais au moins favorisera-t-il les grands projets de l'industrie.

En Angleterre, aux États-Unis, au Brésil, partout les arts et l'industrie s'unissent pour créer des merveilles; ces ponts jetés sur les fleuves les plus rapides, hardis comme les torrents qu'ils traversent et qui semblent se soutenir miraculeusement dans l'espace; ces bateaux qui ne connaissent plus de vents contraires, sillonnent tous les fleuves où la voile même n'avait jamais pu pénétrer, et, conquérants pacifiques, vont porter les fruits de la civilisation dans des régions inconnues et barbares ; ces chemins de fer qui lient ensemble des peuples séparés par des distances jadis infranchissables, et aujourd'hui étonnés d'être frères; partout l'ancien monde s'affaisse sous un monde nouveau; c'est une décoration vieillie, usée par la rouille des temps qui disparaît éclipsée par une décoration brillante de fraîcheur et de jeunesse; partout les distances s'effacent, les peuples se rapprochent. Que fait la France? La France discute, délibère depuis douze ans, délibère encore!....... Du reste elle admire ce mouvement du monde entier, elle l'encourage de sa voix ; mais jusqu'à présent on peut dire sans exagération qu'il se fait sans elle, par conséquent il se fait contr'elle ; car tout peuple dont les moyens de communication et de transport n'augmentent pas ou ne se perfectionnent pas dans la proportion de ceux de ses voisins, doit perdre sa supériorité commerciale et bientôt son rang politique (1).

Mais comment concilier, me dira-t-on, cet amour des arts et de l'industrie, ce besoin d'ordre, de paix et d'économie, avec cet enthousiasme que le peuple français fait éclater à la vue seule de l'image d'un héros, avec les dispositions belliqueuses des masses, toujours prêtes à s'élancer dans l'arène, et avec ces éloges que vous-même prodiguez au système que suivit Napoléon ?

C'est ici que j'arrive à ma dernière proposition. Sans se jeter comme ce grand homme dans des guerres sans fin, il faut flatter nos idées d'indépendance et de suprématie européennes, trouver le moyen de faire vibrer dans nos cœurs les cordes qui correspondent au nom de France, gloire et patrie ! et tout en voulant fortement la paix, accepter, s'il le faut, la guerre, non avec l'Europe entière, à moins que l'honneur ne nous y force, mais avec l'Angleterre, notre ennemie acharnée, notre ennemie mortelle. Paix avec la Prusse, l'Autriche, l'Espagne et la Russie; alliance, s'il est possible, avec ces peuples, en leur faisant toutes les concessions que la politique et la dignité de la

(1) La France discute un grand projet de loi ; mais de la discussion au vote il y a loin, du vote à l'exécution il y a encore plus loin, surtout lorsque le projet du gouvernement a pour but de verser quelques millions sur un grand nombre de lignes, de manière que nous aurons vingt-cinq chemins de fer commencés et pas un peut-être terminé dans vingt ans. Il est clair que toute la puissance administrative et financière du gouvernement devrait se porter sur deux lignes, et que le premier chemin à confectionner devrait traverser la France du midi au nord par Paris. Au moment où j'écris ces lignes, la loi vient d'être votée à une grande majorité par la chambre des députés. — Malgré ses défauts, c'est toujours un grand bien pour l'avenir.

France peuvent comporter. Mais si l'Angleterre ne reconnaît pas notre souveraineté sur l'Algérie, et si elle s'obstine à ne pas admettre la liberté des mers, il n'y aura plus d'hésitation possible, et la France devra inscrire en lettres ineffaçables sur son immortel drapeau ces résolutions définitives :

Paix désormais avec le continent ;

L'Algérie, c'est la France ;

Les mers sont libres pour tous les peuples !

A l'une des dernières sessions des chambres, un pair a prononcé ces paroles remarquables :

« Les nations ne tiennent pas seulement à ce qui leur « apporte des avantages matériels ; elles sont comme les « individus qui éprouvent un sentiment de satisfaction in« térieure lorsqu'ils peuvent se dire : Ma nation est forte, « puissante et respectée. De même que l'on disait : Je suis « citoyen romain, il faut que l'on puisse dire avec la « même fierté : Je suis citoyen français » (1).

Chez beaucoup de peuples ce sentiment d'orgueil national se réduit à un désir vague, chez les Français c'est une passion, et cela se conçoit, la France a souvent dominé l'Europe, et l'ambition est malheureusement comme l'avarice, elle s'enflamme par la jouissance. La grandeur de la France dérive même de cette fierté nationale, elle perce dans toutes les volontés manifestées par les masses. On voit même que le peuple s'adule de sa propre gloire, qu'il se nourrit de son orgueil, et cet amour inné de la gloire est pour le pays comme la condition de son existence, comme le feu sacré qui l'anime, et que, sous peine de mort, il faut entretenir avec soin.

(1) M. Mounier.

Le gouvernement aura beau favoriser les développements du commerce, entrer largement dans les voies d'un régime de liberté légale, tout cela sera bien, grand même, considéré législativement; tout cela sera insuffisant, si en même temps le Français ne peut pas dire à haute voix : C'est ma patrie qui l'emporte sur le monde entier par sa puissance militaire, comme par les découvertes de ses savants et le génie de ses artistes. Et cet orgueil national, ce n'est pas dans les classes éclairées qu'il est le plus fort, parce qu'elles le raisonnent, et que leurs lumières contribuent à leur donner des idées de justice envers les autres peuples; c'est parmi les habitants des campagnes qu'on signale surtout son énergie, et il n'y a rien de plus populaire parmi eux que ce mot du grand Frédéric : « Si j'étais roi de France, il ne se tirerait pas un coup de canon en Europe sans ma permission. »

Ce n'est pas que nous désirions guerroyer éternellement et faire briller de nouveau nos couleurs nationales depuis les rives du Tage jusque sur les tours du Kremlin; mais nous tenons à ce que tous les peuples soient bien convaincus que nous le pourrions encore, si nous le voulions.

Bizarrerie de notre caractère! la guerre nous lasse facilement, nous sommes plus fiers de la victoire que des avantages qu'elle peut procurer; nous applaudissons aux douceurs de la paix, mais cependant nous aimons que nos chefs aient qnelque ressemblance avec un duelliste et soient toujours prêts à tirer l'épée si l'on ne se confond pas en excuses publiques quand on nous a manqué.

Avec cette disposition du peuple, que de haines le gouvernement de juillet, essentiellement modéré, n'a-t-il

13

pas dû soulever, et qu'elle position avantageuse surtout n'a-t-il pas donnée à la presse et à ses attaques journalières!

Cependant, et quoique je blâme la trop grande exaltation des passions populaires, et surtout de la presse qui les nourrit, je le dis à regret: Si je descends en moi-même, si j'analyse au fond de mon cœur les sentiments divers que m'inspire l'état de ma patrie, oserai-je dire avec la fierté de ces anciens romains: « Je suis citoyen français? » La réponse expire sur mes lèvres.

Est-ce la Grèce, où nous avons installé un prince étranger? est-ce l'Italie?........ l'Italie, toute palpitante de notre gloire et qui cependant n'est plus pour nous qu'un grand souvenir! est-ce Constantinople, où jadis l'on ne jurait que par la France? où retrouverai-je donc l'influence française? ce ne sera pas sans doute dans cette héroïque et infortunée Pologne, à laquelle nous avions pourtant dit: « Tu ne périras point! » sera ce en Afrique? là, il est vrai, la victoire nous revient fidèle, là, mêmes prodiges de bravoure, même dévouement héroïque, même enthousiasme que dans nos plus beaux jours de gloire;

Mais l'Algérie n'est point encore française.........;

Mais nous n'avons pour garantie de la solidité de notre établissement que des paroles ministérielles, paroles qui ne laissent pas plus de traces sur notre sol que les pas du voyageur au milieu des sables brûlants de l'Afrique;

Mais l'Angleterre n'admet pas même que nous puissions nous proclamer maîtres de l'Algérie;

Mais elle a un consul qui ne tient pas de nous son exéquatur;

Mais, depuis quinze ans que nous nous proclamons vainqueurs, nous n'avons encore aucun plan arrêté pour l'avenir, et l'ennemi vient nous insulter presque jusqu'aux portes de la capitale aussitôt que notre surveillance est un instant en défaut ;

Mais, depuis quinze ans nous n'avons construit que quelques mètres d'un port qui doit mettre à l'abri nos vaisseaux et nous permettre de lutter contre la puissance et la perfidie d'Albion.........

Le seul moyen digne pour un grand peuple de trancher cette difficulté, c'est de provoquer une ordonnance royale ainsi conçue :

« Toute la partie de l'Afrique connue sous le nom de royaume d'Alger est réunie à la France, et portera le nom de France africaine. » Et cette ordonnance, nous sommes sûrs qu'elle sera respectée, car la France ne permettra jamais qu'on la révoque.

Eh quoi ! me dira-t-on, rien ne peut égaler le bonheur de cette paix dont vous célébrez vous-même les bienfaits ? le commerce et les arts vont opérer des prodiges, le travail augmente, la vie sera douce à l'ouvrier. Cet accord, cette union laborieuse des peuples, ne sont-ils pas préférables à cette suprématie européenne, qui ne servirait qu'à exciter la jalouse susceptibilité des gouvernements étrangers et à nous rejeter peut-être dans des guerres éternelles ? Oui, je le vois, tout est pour le mieux dans ce meilleur des mondes, et la France ne va plus compter que des heures de félicité parfaite ; heureuses, mais bien courtes illusions de l'âge d'or ministériel !

Si la prospérité matérielle est d'une haute importance pour le bonheur des nations, elle ne peut suffire à la mâle existence du peuple français. Et d'ailleurs, un gouvernement qui veut rester stationnaire au milieu de masses chaque jour en mouvement, chaque jour enflammées par la presse, par cela seul rétrograde, et doit bientôt se heurter contre le peuple entier qui s'avance et l'entraîne avec lui. La France peut cependant tout oublier, mais c'est sous la condition que le ministère prendra une attitude imposante à l'égard des puissances étrangères.

Nous sommes assez sages pour reconnaître qu'il est presque impossible de nous étendre en Europe; nous consentirons même, en soupirant, à éloigner de nos souvenirs les limites du Rhin; mais, comme dédommagement de cet immense sacrifice, la France, semblable à ce fleuve qui féconde chaque année de ses eaux généreuses l'antique berceau du genre humain, la France étendra ses regards sur ce continent africain, quelle veut inonder de ses flots de lumières et enrichir des fruits de sa civilisation.

Pour atteindre ce glorieux résultat, le roi n'a qu'à vouloir; car il s'agit de grandeur et de gloire, et la France, sous ce rapport, sera toujours d'accord avec son roi.

Mais nous ne sommes plus au temps où l'on faisait la guerre en chevaliers errants: recherchons si la France à un véritable intérêt à cet accroissement de puissance.

Sans doute la possession de l'Algérie nous coûte beaucoup plus qu'elle ne nous rapporte; mais une nation n'est pas comme un négociant qui consulte avec soin la balance de l'année: le grand-livre d'une nation, c'est le passé et l'avenir.

Tous les peuples qui ont marqué sur la terre ont eu des colonies ou des possessions indépendantes du territoire de la mère-patrie. Voyez la Hollande, l'Espagne, le Portugal, l'Angleterre et la France elle-même avant la révolution.

« En 1814, a dit un de nos premiers orateurs (1), nous « avons abandonné les Canadas; alors nous avons eu soin « de dire, pour notre consolation, que nous n'abandon- « nions que quelques arpents de neige et des habitants à « demi-sauvages.

« Voyez ce que l'Angleterre a fait de la nouvelle Bre- « tagne, dont les deux Canadas forment la partie princi- « pale; vous y voyez des canaux creusés et formant un « système de navigation, des villes devenues riches et po- « puleuses, Montréal, qui avait quinze mille âmes, et qui « en a aujourd'hui quarante; vous y voyez une navigation « commerciale qui a plus de soixante mille marins, des « établissements militaires et maritimes où l'Angleterre « fait construire des vaisseaux pour son compte; en un « mot, partout y règne la plus grande prospérité.

« Et pourquoi? parce que l'Angleterre a vu qu'elle avait « besoin de cette colonie pour lutter un jour contre la « puissance toujours croissante des États-Unis: c'est ainsi « que lorsque l'Angleterre paraît blâmer le système co- « lonial, elle le suit avec persévérance, et sait en tirer les « plus grands avantages.

« C'est qu'en effet, pour mesurer l'influence de nos co- « lonies sur la métropole, il ne faut pas consulter seule- « ment le chiffre du budget, il faut remarquer qu'entre « les métropolitains et les colons il s'établit des échanges « qui deviennent pour tous le principe du travail et de la « richesse, qui augmentent l'aisance, et qui, par cela même, « se reproduisent au profit du budget et sous toutes les « formes; car une nation ne devient jamais plus riche sans « que le trésor public en profite. »

(1) M. Mauguin.

Ces pensées, qui me paraissent d'une justesse extrême, doivent nous servir de point de départ, et sont en même temps la critique la plus vraie de tous les gouvernements qui ont abandonné ou perdu nos colonies, et ont laissé ainsi acquérir à l'Angleterre une influence extrême.

N'examinez donc pas les sommes que vous aurez à verser dans Alger, mais la position militaire, mais la multitude des échanges qui vont devenir pour la France la source inépuisable d'une plus grande richesse. Creusez des canaux, élevez des villages qui deviendront un jour des villes florissantes, et qui, jusque là, seront de la plus haute importance comme stations militaires; rendez salubre, par les prodiges de notre industrie, cette plaine de Metidja, qui semble vous arrêter; favorisez les familles françaises qui iront s'établir en Afrique. Ne craignez pas une émigration; la France sera toujours le pays le plus peuplé, parce qu'il est le plus beau de l'Europe.

D'autres avantages se présentent dans notre possession de la côte d'Afrique. Nous trouverons là tous les moyens d'exercer notre armée, de l'habituer aux fatigues, de familiariser nos jeunes conscrits avec le feu et les chances des combats et de former des officiers qui deviendront bientôt des généraux expérimentés. Nous obtenons donc par le fait seul de cette possession, un résultat inappréciable, c'est d'avoir toujours une armée aguerrie contre l'Europe, dans le cas où elle éprouverait encore quelques velléités de lutter contre nous, et de recevoir de nouvelles leçons.

Mais il existe en faveur de cet établissement une raison plus déterminante ; c'est de nous procurer le moyen de donner une issue à toutes ces passions démocratiques qui nous menacent d'une explosion.

L'imagination trop ardente de notre jeunesse, ne sachant où se porter, s'égare; elle réagit sur le pays. Distribuez habilement et autant que possible, suivant la capacité de chacun, cette sève, cette surabondance de vie sur un sol encore vierge, vous soulagerez la patrie sans l'affaiblir. Ne savez-vous pas d'ailleurs, par une glorieuse expérience, combien nos savants, nos artistes se plaisent sur cette terre d'Afrique? Quel est le Français qui ne soit fier de notre expédition d'Egypte? et cependant, pour nos trésors perdus, pour le sang de nos braves répandu, il ne nous reste que le souvenir de nos triomphes. Mais, vous venez de l'entendre, cette France, saluant d'un cri unanime l'image du grand homme; le degré de sa reconnaissance est égal au nombre des lauriers dont il a paré son front.

En admettant cependant qu'Alger pendant long-temps ne nous procure que de minimes avantages commerciaux, ne faut-il pas à la France quelques ports de relâche dans la Méditerranée? l'Angleterre n'en a-t-elle pas dans toutes les directions, Malte, Gibraltar, les îles Ioniennes et tant d'autres? Pourquoi donc ne pas suivre son exemple? Mais, disent quelques personnes craintives, quand nous aurons fait beaucoup de sacrifices, et que nous commencerons à retirer quelques fruits de nos travaux, l'Angleterre nous déclarera subitement la guerre, et les forces navales dont elle dispose sont si considérables, que, malgré notre courage, nous succomberons. On oublie que la proximité où se trouve Alger des côtes de France, nous donne sur elle un avantage immense. L'invention des bâtiments à vapeur met la Grande-Bretagne dans l'impossibilité d'empêcher nos communications avec l'Afrique; tout le monde sait qu'une flotte ne peut conserver long-temps un blocus sur ces côtes; et, au cas de débarquement, une petite armée française renfermée dans Alger, suffirait pour défier de grandes armées européennes, si le gouvernement surtout se détermine à construire un port sûr et si impatiemment attendu. Quelles sont les puissances qui pourraient envoyer des troupes contre nous? La Russie ou l'Angleterre. La Russie ne porte ni ses forces ni sa puissance de ce côté, et l'Angleterre, obligée de garder d'immenses possessions éparses sur tout le globe, ne pourra jamais, malgré son mauvais vouloir, disposer d'une armée nombreuse. Mais ce qu'elle peut faire d'une manière secrète, et bien dangereuse pour nous, c'est d'envoyer des émissaires dans les tribus qui avoisinent Alger, de leur représenter notre arrivée et notre établissement en Afrique comme entrepris dans un but de barbarie, et comme la ruine de leur vie de pasteurs.

Ces émissaires rappelleront chaque jour au souvenir de ces peuplades le nombre de troupeaux enlevés, leurs femmes outragées, les mosquées que nous avons profanées. Ne négligez donc aucun moyen pour écarter ces envoyés secrets ou pour détruire leur influence, et, en même temps, efforcez-vous de vous attacher ces peuplades; elles n'ont pas de raisons de se jeter dans les bras des puissances étrangères, si vous n'insultez ni à leur culte, ni à leurs mœurs. Il est d'autant plus nécessaire de nous faire aimer de tous les peuples qui bordent les côtes d'Afrique, que la Méditerranée, au moyen des routes en fer qui vont y aboutir et des bâtiments à vapeur qui la sillonneront dans tous les sens, va bientôt devenir le centre des opérations du commerce de l'univers.

Il faut donc nous assurer des positions qui nous servent

en même temps et de stations militaires et de moyens d'écoulement pour l'excédant de nos produits. Ainsi la situation politique et commerciale de la France, comme sa gloire, sont évidemment intéressées à ce que nous communiquions le mouvement de nôtre civilisation à ces peuples immobiles de l'ancien monde.

Notre intérêt bien établi, cela ne suffit pas. Examinons quelles sont les alliances continentales sur lesquelles nous croyons pouvoir compter; et, pour apprécier la durée et la sincérité de ces alliances, recherchons les intérêts des rois (je voudrais dire des peuples).

Nôtre conquête du royaume d'Alger doit s'accorder parfaitement avec les vues politiques du roi de Prusse et de l'empereur d'Autriche. En effet, si nos forces militaires se portent vers l'Afrique, nous délivrons tous les princes allemands de l'inquiétude incessante que leur donne notre voisinage; nous faisons plus, nous écartons de tous leurs trônes cet esprit de liberté et d'égalité qui marche en triomphateur avec nos soldats victorieux.

L'Allemagne, en nous laissant la peine de vaincre et de civiliser l'Afrique, trouve ainsi le moyen d'éloigner, pendant plusieurs siècles peut-être, le torrent des armées françaises de la route si facile de Vienne et de Berlin.

Que peuvent d'ailleurs désirer les puissances de l'Allemagne? La Prusse, augmentée considérablement par le traité de 1814, ne peut espérer de s'agrandir au-delà du Rhin; elle sait bien qu'une lutte avec nous serait trop inégale. Il faut donc, pour qu'elle se décide à commencer les hostilités, qu'elle parvienne à entraîner l'Autriche. Mais si nous ne contrarions pas cette puissance dans l'influence qu'elle veut exercer sur l'Italie, comment pourrait-elle se résoudre à une guerre contre nous ? guerre qui bouleverserait ses finances, qui serait interminable et peut-être aussi malheureuse pour elle que celles qu'elle nous a déjà faites.

Est-ce la Russie qui, de concert avec l'Angleterre, voudrait engager de nouveaux combats ? Mais, depuis la dernière révolution de Pologne, ses intérêts sont communs avec ceux de la Prusse et de l'Autriche. Oserait-elle nous attaquer, en laissant derrière elle cette Pologne vaincue, mais non soumise ; cette Pologne dont les bras sont chargés de fers, mais dont le cœur est plein de haine et d'espérance ?

Et pourquoi, d'ailleurs, ne parviendrions-nous pas à fonder une alliance avec la Russie ? les productions de son sol et les principaux objets de son commerce, ou ne sont pas les mêmes que les nôtres, ou, dans tous les cas, ne font pas obstacle au développement de nos industries de luxe et à l'écoulement des produits de nos manufactures : sur aucun point du globe nos possessions ne se touchent. Point de haines nationales, car si les Russes sont entrés une fois à Paris, aidés de toute l'Europe, nous les avions vaincus à Austerlitz, à la Moskowa, et nous venions d'entrer victorieux dans l'antique capitale des Czars. Rien ne s'oppose donc à ce qu'il existe entre elle et nous une alliance durable.

La Russie, il est vrai, veut librement dominer à Constantinople ; mais cette domination, qu'il est déjà facile d'entrevoir dans l'avenir comme un fait inévitable et contre lequel l'Europe lutterait en vain, peut, à l'aide de quelques concessions immédiates de notre part, être la condition de notre alliance et de notre influence, reconnue et acceptée, sur la Grèce, et de notre domination sur l'Algérie et même sur l'Egypte. Mais quelle conduite alors tiendrez-vous avec la Grande-Bretagne? Notre réponse est facile : Point d'alliance, jamais d'alliance avec l'Anglais !

L'Angleterre, qui ne peut prospérer qu'en se nourrissant de la substance de tous les peuples, et qui n'existe que par l'égoïsme et le machiavélisme le plus intolérable; l'Angleterre, dont l'ambition n'est jamais assouvie, et qui, maîtresse du quart du globe, veut encore dominer tout le reste; l'Angleterre, qui a eu à sa solde, pendant vingt-cinq ans, tous les rois et toutes les armées de l'Europe, pour parvenir à nous humilier, et faire pâlir un instant cette auréole de gloire qui nous environnait; l'Angleterre, qui ne se décide jamais à nous attaquer que lorsque devant elle se place l'Europe armée, qui a la bonté de lui servir d'avant-garde et de se faire tuer pour elle; l'Angleterre, dont le cœur bondit de joie à l'idée de nous faire déchoir de notre rang comme nation, et de nous *subalterniser;* l'Angleterre, qui ne veut pas qu'un seul navire marchand sorte de nos ports sans être visité par ses matelots, si heureux et si fiers quand ils voient la rougeur monter au front de nos héroïques marins, forcés d'obéir à la loi des traités; l'Angleterre, dont les agents ont insulté cent fois notre pavillon, sans que nous ayons pu encore en tirer vengeance; l'Angleterre, enfin, qui, non contente d'avoir installé à la porte de la France ce lion qui barre nos frontières, a l'audace de décorer les monuments de sa capitale du nom de Warterloo!!! France, voilà l'Angleterre, et tu ferais alliance avec elle?..... — Mais je m'oublie : — dans la position grave où nous nous trouvons placés par rapport aux puissances étrangères, ce n'est point par un entraînement de colère que nous devons diriger notre conduite ; nous avons d'ailleurs sous nos yeux les exemples de nos ennemis ; il faut les imiter dans leur prudence, et leur laisser la haine.

Qu'est-ce que l'Angleterre ? Un négociant habile, rusé, qui calcule constamment et les chances de gain et les chances de perte ; il faut donc chaque jour raisonner notre avenir ; chaque jour, chaque nuit, il faut veiller, car alors même que nous paraissons être en paix, la guerre existe ; elle est sourde, ténébreuse, mais elle est d'autant plus environnée de dangers pour nous, pour nous surtout, qui ne savons combattre qu'au grand jour.

Il est toujours facile, me dira-t-on, de déverser le blâme et l'insulte sur une grande puissance, mais il faut des preuves à l'appui d'attaques aussi vives..... Ouvrez l'histoire ! elle parle à chaque page ; mais faisons grâce aux Anglais de tous leurs méfaits d'autrefois et ne nous occupons que du présent.

N'avez-vous donc pas un exemple tout récent de l'avidité de la Grande-Bretagne dans sa conduite avec la Chine ? L'empereur s'oppose à ce que l'Angleterre vende à ses sujets une substance qui a pour effet de leur donner la mort ; mais l'intérêt commercial l'emporte sur l'humanité et sur les premières notions de la morale et de la justice, et l'Angleterre dévaste, pille les villes de l'empire, massacre les sujets de l'empereur, sur son refus de permettre aux marchands anglais d'empoisonner avec l'opium son peuple tout entier. Voilà toute la cause de la guerre, voilà la conduite d'un gouvernement qui, se prétendant inspiré uniquement par un sentiment d'humanité, réclame avec tant de chaleur la suppression de la traite des noirs !

N'avez-vous pas un autre exemple de son ambition

et de sa perfide adresse dans les traités de 1814 et 1815? Pour parvenir à s'emparer de la France, l'Angleterre faisait retentir bien haut dans toutes ses proclamations que son seul ennemi était Napoléon, qu'elle se regardait en paix avec tous les Français; mais aussitôt qu'elle est entrée dans Paris, non contente de nous dépouiller de nos tableaux et de nos statues, elle s'attribue dans tous les traités la part du lion : sans parler de Gibraltar qu'elle conserve, on lui cède, par l'art. 7 de la convention du 30 mai 1814, Malte (1), qui lui assure sa prépondérance dans la Méditerranée. Par l'art. 8, la France est obligée de lui céder, les îles de Tabago et de Sainte-Lucie, qui complètent sa force dans les Antilles; on lui cède encore l'Ile-de-France, Rodrigue et les Séchelles, qui la rendent maîtresse de l'océan Indien et de la Mer-Rouge. Par une transaction avec les Pays-Bas et la Suède, elle acquiert le cap de Bonne-Espérance, Démérari, Esséquibo et Berbice, qui garantissent la puissance de son action sur ses possessions de l'Amérique Méridionale, tandis que le maintien de l'Helgoland à l'embouchure des grands fleuves de l'Allemagne Septentrionale lui donne la même influence dans ces contrées. Le 20 mars arrive, après lui Waterloo, et l'Angleterre ajoute encore à ses conquêtes et obtient notamment l'érection en royaume de son électorat de Hanovre et la suzeraineté des îles Ioniennes, ce qui lui livre l'Adriatique, comme les traités précédents lui avaient livré les autres mers (2). Certes, l'ambition de l'Angleterre

(1) Ainsi que Gozzo, île à deux lieues de l'île de Malte.

(2) Voir l'art. 26 de l'acte général du Congrès, traité du 30 mai 1814; traité du 5 novembre 1815.

L'Angleterre a, en outre, dans des articles additionnels au traité du

devait être satisfaite. Non, elle ne l'est point encore ; il lui faut l'avenir, et elle a l'art de déposer dans chacun de ses traités des germes de discorde qui doivent à toujours tenir les puissances du continent dans un état d'inquiétude, d'inimitiés et de guerres (1). Pour se convaincre de cette vé-

30 mai, posé les bases de toutes les conventions sur la traite des noirs, à l'aide desquelles elle a constamment tendu à détruire, au profit de ses colonies de l'Inde orientale, le commerce des colonies européennes dans les Antilles et les Etats du continent Américain.

(1) Un historien qui a le grand mérite de la franchise et ne dissimule pas son admiration pour la politique d'Albion, M. le comte de Paoly Chagny, *Histoire de la Politique des puissances de l'Europe*, chapitre 128, tome IV, page 274, s'exprime ainsi :

« Le traité de Paris, du 30 mai 1814, est le chef-d'œuvre de la politique, c'est le travail d'hommes supérieurs. Par ce traité, le gouvernement britannique a non-seulement fondé la puissance et la gloire de l'Angleterre, établi d'une façon inébranlable sa souveraineté sur toutes les mers, opposé des barrières insurmontables à tous les Etats qui voudraient nuire à son commerce, *mais il y a déposé des semences de discorde qui doivent tenir long-temps les puissances du continent dans un état d'inquiétudes, de rivalités, d'inimitiés et de guerre ;* mais il a changé la nature des intérêts des diverses puissances, il a créé de nouveaux objets pour exercer leur industrie politique ; enfin, il a pris toutes les mesures convenables pour fixer sur le continent le théâtre de leurs intrigues, pour assurer la domination de l'Angleterre sur toutes les mers, son influence sur tous les continents, pour la rendre maîtresse absolue du commerce de toutes les nations. »

« Ce qui est surtout digne d'être observé, c'est l'adresse avec laquelle le gouvernement britannique a fait rédiger ce traité : *il a eu l'art d'y faire régler tous ses intérêts vis-à-vis de la France, vis-à-vis de la Hollande ;* d'y jeter les fondements d'une grandeur future pour cette dernière puissance, qu'il avait le dessein d'établir en factorerie pour son commerce dans le nord de l'Allemagne, et qu'il voulait rendre assez formidable pour pouvoir l'opposer aux ressentiments de la Prusse, et il n'y a accordé aux autres puissances que des expectatives, que le droit de se réunir en congrès pour convenir d'arrangements propres à former une nouvelle balance continentale. C'était leur accorder le droit d'abuser de leur puissance, de commettre des injustices, de dépouiller les faibles, de mécontenter les peuples, d'entretenir une fermentation sourde dans toutes les parties du continent d'Europe ; *mais le gouvernement britan-*

rité, il suffit de jeter les yeux sur une carte géographique et de voir quels avantages on a fait alors et à la Prusse et à la Hollande, et comment on a disposé leurs conquêtes, de manière à ce que des conflits répétés vinssent à naître entre la France et toute l'Allemagne.

Nous venons de montrer l'Angleterre égoïste, ambitieuse et surtout perfide dans son habileté ; nous allons trouver ces trois conditions réunies dans sa politique concernant le droit de visite. Sous le prétexte mensonger d'empêcher la traite des noirs, elle veut, à l'aide de ce droit, parvenir à dominer toutes les mers, et surtout ruiner le commerce et la marine de la France, dont l'augmentation et les développements l'inquiètent sérieusement. Mais, dit-on, la réciprocité est établie par le traité. Pure illusion ! dans tous les traités les nations les plus puissantes consentent toujours la réciprocité : c'est une sorte d'égards qu'on s'accorde facilement entre État, c'est une espèce de déférence pour le faible et qui n'engage rien. « Pour qu'il y ait réciprocité, » a dit M. Berryer, avec cette éloquence que vous lui savez, « il faudrait identité de forces, similitude d'intérêt, de tendances et de but. Evidemment il n'y a pas là une garantie, et quand vous nous représentez cette réciprocité comme telle, vous abusez de ce qu'il y a de plus sacré dans le cœur humain, du patriotisme...... » En effet, c'est à l'aide de la réciprocité qu'il met en avant, que le gouvernement s'est fait illusion ou a voulu faire illusion à la France (1).

nique avait besoin de produire un tel état de choses pour affermir ses conquêtes et pour avoir le temps de rouvrir tous les canaux de son commerce. »

(1) Les discours si remarquables qui ont eu lieu dans les deux chambres sur le droit de visite, ne nous permettent pas d'entrer dans de longs

Il n'y a qu'un seul moyen de satisfaire aux justes défiances et aux généreuses pensées du pays, c'est de se rattacher au droit public de l'Europe. Or, la liberté des mers est une des règles fondamentales de ce droit. — La France la première a proclamé ce grand principe dont elle ne s'est jamais départie : *Mers libres, vaisseaux libres, marchandises libres* (1) ; ce principe a été successivement reconnu et soutenu par toutes les puissances, à l'exception toutefois de l'Angleterre; mais si l'Angleterre a plié quelquefois devant les puissances coalisées contre son esprit d'envahissement, elle n'a jamais cédé, et ce qui est à remarquer surtout, c'est qu'entre quelques mains que le pouvoir ait passé, les ministres, whigs ou tories, ont travaillé avec une égale persévérance à obtenir ce droit toujours refusé, toujours demandé; c'est que cette grande prévôté, exercée sur toutes les mers, est pour la Grande-Bretagne une question éminemment nationale; c'est que par le droit de visite, l'Angleterre n'est pas seulement constituée par toutes les puissances la souveraine des mers, elle devient le seul commerçant de l'univers. Ainsi, le droit de visite lui donne puissance et profit. On conçoit dès lors sa ténacité.

Pour être convaincu que l'Angleterre n'a pas varié dans ses tendances et persiste plus que jamais dans les

développements sur cette question, nous ne la traitons que dans ce qui a essentiellement rapport à notre sujet.

(1) Elisabeth, faisant la guerre aux Espagnols, demandait à Henri IV l'autorisation de faire visiter les vaisseaux français, pour empêcher tout secours aux Espagnols, Henri lui répondit que cette permission qu'elle lui demandait, ne pouvait être accordée ; qu'elle ne servirait qu'à favoriser le pillage et à troubler le commerce.

principes de droit maritime qu'elle veut faire prévaloir dans son seul intérêt, il suffit de suivre sa politique depuis 1814. Ce droit de visite qui lui échappe par la paix, puisqu'il n'y a plus de neutres et de contrebande à redouter, elle le demande au congrès de Vienne, comme moyen répressif de la traite, et M. de Talleyrand refuse; elle le redemande en 1818, et Louis XVIII refuse; elle le redemande en 1821, au congrès de Vérone, et M. de Châteaubriand refuse; l'Angleterre ne se lasse pas, et la convention de 1831 ouvre une ère nouvelle et peut-être bien fatale à la France.

Cependant, il faut en convenir, quoique le traité de 1831 ait été une grande faute, il s'explique, en raison des limites dans lesquelles il se trouve renfermé, ne s'exerçant qu'à l'entrée du golfe de Guinée, lieu de départ, et entourant d'une zone de vingt lieues, Cuba, Porto-Rico, le Brésil et Madagascar. Ainsi restreint, il ne blesse pas essentiellement l'honneur du pavillon, et il est possible de se faire illusion sur le sentiment qui lui a donné naissance.

Mais, d'après le nouveau traité, toutes les mers du monde sont livrées à la course des Anglais. En effet, le droit de visite tel qu'il est établi par le traité non encore ratifié, et qui, si j'en crois mes pressentiments, ne le sera jamais, comprend tout l'espace entre le 33e degré de latitude septentrionale et le 45e degré de latitude méridionale, tout celui compris entre une ligne tirée du 8e degré de longitude orientale, passant par le méridien de Greenwich, jusqu'à la rencontre du 45e degré de latitude méridionale, c'est-à-dire jusqu'aux Indes, c'est-à-dire la totalité de la mer Atlantique, tout le littoral des deux Amériques; une zone de deux cent cinquante lieues en mer, en avant du cap de Bonne-Espérance dans le Grand-Océan austral, la mer des Indes, jusqu'aux îles de la Sonde, « l'univers commercial, enfin, moins la Méditerranée et la Manche. Le champ est donc sans limites et les abus doivent décupler » (1).

Déjà les journaux ont fait ressortir la situation déplorable qui est résultée, pour notre marine, du traité de 1831. Maintenant qu'arrivera-t-il? le nombre et la gravité des abus seront nécessairement en rapport avec l'immensité des mers livrées à la domination de l'Angleterre par la nouvelle convention, et ce qu'il y a de plus fâcheux, c'est que ces abus resteront presque toujours impunis; car quels cris de détresse peut faire entendre un navire de commerce contre les vexations et les insultes qu'il est obligé de supporter de la part d'un vaisseau de guerre, et surtout de la part de marins anglais?

Seraient-ce donc là les conséquences de la révolution de 1830! une révolution faite par le peuple Français, aurait pour résultat unique de nous asservir à l'Angleterre!!! Que la dynastie ne s'y méprenne pas, le droit de visite reconnu en faveur de nos éternels ennemis est pour elle une question de vie ou de mort, car c'est une question d'honneur national à laquelle aucune puissance chez nous ne peut se soustraire. Les têtes couronnées, sous ce rapport, sont plus esclaves que le dernier des citoyens. Eh quoi! ni Henri IV, ni Louis XIII, ni Louis XIV, ni Louis XV, qui avait placé la monarchie en viager, ni Louis XVI, si malheureux, ni Louis XVIII, au milieu des embarras d'une restauration, ni Charles X, qui jouait pendant qu'on foulait aux pieds sa couronne, aucun de

(1) Discours de M. Berryer.

vos ancetres, ô Louis-Philippe! n'ont consenti à reconnaître cette suprématie de la Grande-Bretagne sur la France, et vous, roi élu par le peuple et si puissant par ce peuple français que vous représentez, vous consentiriez à la ratification d'un traité par lequel des marins anglais, acquerraient le droit de monter sur nos vaisseaux et de violer ainsi impunément notre domicile? Non, non, quel que soit votre amour pour la paix, cet amour ne peut aller jusqu'à vous suicider dans la personne de vos enfants.

On conçoit qu'un peuple se trouve soumis au joug du despotisme; mais, soit qu'à ce despotisme s'unisse la gloire, comme sous Napoléon, soit même que l'obéissance vienne d'un sentiment de crainte, comme à Venise, ce despotisme s'explique et peut s'excuser quelquefois par l'ordre qui règne dans le pays, et par l'augmentation de puissance extérieure qui en résulte. Et, d'ailleurs, quelque dur qu'il puisse être, il s'exerce au moins par une fraction de la nation sur la nation elle-même; mais qu'une puissance altère la liberté de ses nationaux au profit d'une puissance étrangère (nous examinerons tout-à-l'heure si la réciprocité est un moyen d'échapper à l'application de ces principes), qu'elle altère cette liberté si précieuse au point de se soumettre à ne faire un acte autorisé par le droit des gens, celui de naviguer librement sur la mer, que sous l'inspection et d'après la police exercée par une puissance étrangère, c'est là une violation manifeste des principes les plus sacrés qui ont gouverné les peuples civilisés depuis les temps les plus reculés, et si ce système prévalait, ce serait, surtout pour la France, un abandon honteux des grands principes de liberté et d'égalité qu'elle a constamment proclamés depuis 89, comme étant les seuls auxquels tous les peuples doivent se rattacher un jour.

Et, remarquez bien qu'ici l'application de ces principes est pure de toute idée démagogique. Je prends pour base le droit sacré pour un peuple qui se respecte, d'être indépendant et libre à l'égard d'un autre peuple. Or, toute nation qui est privée du droit de se livrer à des actes licites en eux-mêmes, est par cela seul dans un état de soumission et de vassalité qui tient presque de l'esclavage.

Ces principes sont évidents, me dira-t-on, mais vous les appliquez à faux. Est-ce que l'Angleterre, par le traité de 1841, n'est pas soumise aux mêmes actes que la France? est-ce qu'elle n'est pas privée d'une portion de sa liberté, et assujettie comme nous à une servitude? est-ce que la réciprocité ne couvre pas et ne renverse pas toutes les règles que vous venez d'invoquer?

Ceci donne lieu, suivant moi, à une thèse bien grave de droit public, et que je ne sache pas qu'aucun membre des deux chambres ou aucun publiciste ait examinée.

Deux gouvernements alliés, en stipulant des engagements réciproques, ont-ils le droit d'aliéner tout ou partie de la liberté de leurs nationaux dans des actes qui tiennent au droit des gens, et de gêner l'exercice de la propriété sur une chose qui appartient à tous et à chacun? — Peuvent-ils consentir à ce que des officiers délégués par chacune des deux puissances, visitent les navires de la puissance dont ils ne relèvent pas? — En admettant que le droit d'aliéner la liberté puisse exister à l'aide de la réciprocité, ce droit d'aliénation appartient-il, d'après notre droit public depuis 1814, uniquement au chef du pouvoir exécutif, par cela seul que les chartes lui confèrent le droit de contracter des alliances? ou bien ne faut-il pas que ces alliances soient soumises aux deux autres pouvoirs qui, avec le pouvoir royal, constituent la souveraineté? — N'est-il pas nécessaire que le traité soit approuvé par eux, de manière qu'il reçoive la sanction de la loi, dans tout ce qui peut tenir à l'aliénation de la liberté et de la propriété?

Examinons ces questions; mais, d'abord, établissons bien le fait.

Le gouvernement de France consent à ce que les vaisseaux de guerre de l'Angleterre visitent les navires du commerce pour empêcher la traite des noirs; l'Angleterre prend le même engagement envers la France, de sorte que tous les navires du commerce des deux puissances qui paraissent suspects de faire la traite, sont exposés à être arrêtés sur toutes les mers du monde (à l'exception de la Manche et de la Méditerranée); et si des doutes (1) s'élèvent sur la nature de leurs opérations, capitaine, marins, innocents ou non, sont privés du droit de continuer leur route, de transporter leurs marchandises au lieu nécessaire au succès des opérations commerciales de l'armateur; l'équipage entier est conduit par des marins étrangers à sa nation dans un lieu déterminé, il y est mis en jugement, condamné même, s'il y a lieu, et le vaisseau confisqué. Voici le fait! ne renferme-t-il pas tout-à-la-fois une entrave à la liberté des mers, et une violation de la liberté individuelle et de la propriété?

(1) L'art. 1er du traité dit : « Leurs Majestés déclarent, en outre, que tout vaisseau, qui *essaierait* de faire la traite, perdra, par ce seul fait, son droit à la protection du pavillon. *Essaierait*, voilà un mot bien élastique!

Après avoir démontré que la mer ne peut être la propriété de qui que ce soit, Grotius ajoute : « Sous un bon « gouvernement, les vaisseaux marchands font voile en « sûreté par toute la mer, pour le commerce, à la faveur « duquel les peuples des divers pays se communiquent « les biens qui manquent à l'un, et dont l'autre a de reste. « Troubler le commerce sur la mer, c'est rompre la société « du genre humain (1). »

D'après ces principes incontestés, il est clair qu'aucune puissance n'a le droit de stipuler une gêne quelconque à la navigation, et, si troubler le commerce c'est, comme le dit Grotius, rompre la société du genre humain, aucun gouvernement n'a le droit de stipuler que des vaisseaux de guerre pourront visiter des vaisseaux marchands. Le domicile doit être aussi sacré sur mer que sur terre ; il doit l'être plus, car le Français molesté au milieu de l'Océan n'a point autour de lui ses concitoyens qui l'abritent et le protégent contre les envahissements du pouvoir. La mer est sourde aux cris des opprimés.

En vain dira-t-on que par la réciprocité on échappe à la violation du droit : non ! de ce que deux personnes consentent respectivement une convention illicite et immorale, le consentement donné librement par les deux n'empêche pas la nullité de l'obligation. La preuve que la convention, même réciproque, reste entachée d'un vice radical, se puise dans l'acte lui-même et dans ses conséquences. En effet, de ce que les vaisseaux de guerre de la France pourront, en force de la réciprocité, visiter les navires marchands de l'Angleterre, moi, négociant français, je n'en serai pas moins en danger de me voir arrêté dans le

(1) Grotius, *du Droit de la guerre*, tome 1er, page 280.

cours de ma navigation ; dès ce moment la mer n'est plus libre pour moi ; je reste, malgré la réciprocité, exposé à ce que mon navire soit envahi par des matelots étrangers; dès lors, il y a, à mon égard, violation flagrante de mon domicile; cette soldatesque étrangère, constituée mon juge de prévention, me croit coupable, m'arrête et m'enlève à mes affaires, à ma famille; la réciprocité n'empêche donc pas que moi, Français, je ne sois atteint dans ma liberté et dans tous mes droits de citoyen; mais il en est de même pour les Anglais, dira-t-on, cela est vrai.

Aussi ce qui a lieu de surprendre, c'est de voir l'Angleterre, dont les marins sont si impérieux, consentir à un pareil traité. C'est qu'ils savent bien, ces marins, qu'eux seuls retireront les avantages *du droit de visite*, et que le traité qu'ils signent avec nous n'est qu'une convention léonine.

En admettant que sous les gouvernements qui ne sont pas soumis au régime représentatif, le traité de 1841, avec réciprocité, soit considéré comme licite et valable, le droit de faire un traité de ce genre pourrait-il s'étendre aux gouvernements constitutionnels, de manière que le prince pût, de sa propre autorité, et sans recourir aux pouvoirs qui partagent avec lui la souveraineté, engager seul la nation ? Je ne puis le croire.

Le droit de contracter une alliance suppose bien sans doute la réunion de deux peuples dans un but commun; mais le sens ordinaire de ce mot serait étrangement détourné si, dans le droit de contracter des alliances, se trouvait compris celui de porter atteinte aux actes du droit des gens dans tout ce qui touche aux nationaux. On me répondra peut-être que le prince a le droit de guerre et de paix, et que s'il peut disposer de la vie des citoyens, il peut, à plus forte raison, contracter des alliances avec réciprocité. D'abord, la guerre ne peut se faire sans emprunt ou sans impôt voté par les chambres, dès lors le pouvoir du prince, quant à la guerre, se trouve dépendre de l'assentiment des deux autres pouvoirs; et enfin, la nécessité où un pays peut se trouver quelquefois de faire la guerre sans aucun retard, explique l'extension de puissance conférée dans ce cas au prince constitutionnel; mais étendre cette puissance à des stipulations qui intéressent la liberté d'action du citoyen, sous le vain prétexte d'une réciprocité illusoire, c'est se jouer de tous les principes.

Dira-t-on que si le traité paraît injuste et contraire aux intérêts des nationaux, les chambres sont libres de mettre en accusation les ministres. La mise en accusation suppose précisément la violation du droit; la mise en accusation, c'est presque la sanction de la violation des principes; mais, dans le système que je présente, et à part cette espèce de sanction qui peut résulter de la mise en accusation, je dis que le traité de 1841, ou tout autre dans les mêmes conditions, est nul en droit pur; il est nul parce que deux souverains n'ont pas le droit de mettre des entraves à la liberté des mers; il est nul, parce que le chef d'un gouvernement constitutionnel, roi et premier citoyen d'un pays libre, n'a pas le pouvoir de consentir que les délégués d'une puissance étrangère portent atteinte à la liberté d'un de ses concitoyens, violent son domicile et l'arrêtent! Concevez-vous un marin anglais arrêtant un citoyen français, comme si ces marins étaient des magistrats de notre pays natal. Oh! France!!!

Il est clair que les trois pouvoirs auraient seuls le droit de consentir un pareil traité, si toutefois il leur arrivait d'être tous les trois atteints de folie ; car toute puissance qui viole le droit des gens dans ce qu'il a de plus sacré pour ses nationaux, court d'elle-même à sa ruine.

Supposons que les gouvernements français et anglais fassent un traité de commerce dans lequel ils stipulent que des marins français auront le droit de visiter chaque année les ports de l'Angleterre, pour rechercher chez les divers négociants de ces ports les marchandises françaises introduites par contrebande, et que le même droit soit accordé aux Anglais dans nos ports; très-certainement une alliance qui aurait pour résultat d'autoriser des Anglais à s'introduire, comme des employés des droits réunis, dans notre domicile, serait considérée comme une violation éclatante de tous les principes protecteurs du citoyen, et il n'y aurait pas d'expression pour peindre l'avilissement d'une nation qui, par un motif quelconque, tolérerait une pareille vexation sur ses nationaux. Eh bien! le cas est semblable : liberté, domicile, indépendance, propriété, la patrie entière se trouve dans le plus petit navire du commerce. La mer n'est que la route et le chemin de grande communication du monde entier; elle appartient à tous et à chacun, et cependant elle n'appartient à aucun peuple, et je ne sache pas que le vaisseau anglais qui la sillonne, ait, sur le vaisseau français, le privilége de laisser après lui une trace de son passage. Où l'Angleterre puiserait-elle donc le droit de dominer sur la mer?

Mais ici ne m'arrêterez-vous pas, ne me rappellerez-vous pas à moi-même, ne me direz-vous pas que tout-à-l'heure je célébrais les avantages et les douceurs de la paix, que j'en appelais aux hommes sages pour parvenir à faire marcher les nations dans la voie de l'union et du progrès, et que cependant j'ai la faiblesse de laisser éclater une haine prononcée contre un peuple avec lequel une lutte une fois engagée, doit avoir pour résultat de retarder la civilisation, et de mettre obstacle aux progrès du genre humain? La traite continue, les haines de nation à nation au lieu de se dissiper s'invétèrent, les révolutions se succèdent, le droit fléchit sous le sabre : voilà les premiers effets de l'état de guerre. Je vais donc, infidèle à mes principes, sacrifier à des conquêtes incertaines et à la fumée d'une vaine gloire un grand devoir et une mission sainte qui devait relever notre siècle dans la postérité.

Il n'en est point ainsi. Ces principes d'humanité et de philosophie que vous invoquez reposent sans doute sur des idées généreuses, mais ils s'appuient sur une base fausse. Tout le monde est d'accord que la convention de 1831, étendue à toutes les nations maritimes (1), suffit pour assurer la répression de la traite des noirs ; dès lors cette nécessité d'un nouveau traité embrassant toutes les mers, disparaît entièrement. Cette grande question écartée, je conviendrai que c'est un devoir pour la France, qui a si souvent agité et troublé l'Europe, de donner un exemple éclatant de prudence et de modération ; il est bien qu'elle n'ait pas toujours les armes à la main, et qu'elle sache faire des concessions à la paix ; aussi doit-elle tenir essentiellement à maintenir l'état du continent tel qu'il existe ajourd'hui. Mais de cette modération, de cet amour de la paix, dont elle doit donner l'exemple, à l'abaissement de sa dignité

(1) Mais exercée par chaque peuple, par chaque marin, sur ses nationaux.

et de son rang comme nation, il y a loin; de la modération à l'indifférence et au stoïcisme, qui sacrifierait ses nationaux à une question d'humanité générale qui est sauf-gardée suffisamment par des traités en vigueur, il y a plus loin encore; de la liberté à l'esclavage, il y a l'immensité.

Qu'on le remarque bien, en résistant aux prétentions de l'Angleterre, ce n'est pas la France qui viole les droits sacrés des peuples, c'est elle, au contraire, qui en réclame l'application, et qui veut maintenir ces principes conservateurs qui constituent depuis plusieurs siècles le droit public de l'Europe; et ces principes relèvent aussi d'une haute philosophie, puisqu'ils ont leur source dans l'égalité qui doit toujours exister entre les nations.

Il faut donc se rattacher au droit, se rappeler que le droit, en définitive, finit par gouverner le monde quand le droit c'est la justice, et, confiant dans cette justice et dans la Providence dont elle émane, préférer à la paix la guerre avec l'Angleterre, si la paix ne peut continuer à exister qu'en perdant l'honneur.

Résumons-nous.

Avec la liberté de la presse, qui tend continuellement à réduire en poussière tout ce qui cherche à s'agglomérer, avec des pouvoirs constitutionnels disposés à sortir de leurs sphères et à empiéter sur le pouvoir souverain, il ne peut y avoir de monarchie solidement établie, sans une aristocratie puissante, nombreuse et dévouée, qui environne la royauté et protége son sceptre flottant. Cette aristocratie, je la retrouve dans la pairie, mais ce grand corps doit être héréditaire pour fonctionner avec indépendance : pouvoir modérateur, il est appelé à soutenir avec mesure, mais avec fermeté, tantôt les droits du prince, tantôt ceux du peuple, suivant les nécessités politiques de chaque époque. Toutefois, si ce corps était isolé, s'il était détaché de tout autre principe aristocratique, il ne suffirait pas au maintien de la royauté, exposée au flux et au reflux journaliers des flots populaires; ces flots, il est urgent d'en arrêter l'impétuosité; on ne le peut qu'en s'appuyant sur l'électeur citoyen, qu'en entourant cet électeur de toute la considération que mérite sa dignité, qu'en s'efforçant de rallier le corps électoral aux idées monarchiques, qu'en parvenant enfin à aristocratiser les classes moyennes.

Là sont en général les capacités, là résident toutes les vanités ambitieuses, si utiles au maintien des principes conservateurs; là se trouvent tous les amis sincères d'un progrès modéré. Le prince doit constamment s'entourer de ces classes, respirer au milieu d'elles. C'est là qu'il doit répandre avec intelligence et les honneurs et les dignités (1). Du reste, savoir répartir en France des récompenses, c'est presqu'un art, et cet art tient à une habileté gouvernementale qui se laisse deviner, mais ne se définit pas.

Si vous voulez faire pénétrer dans toutes les classes de le société ce feu sacré de l'honneur, gardez-vous bien d'élever aux premières dignités les hommes qui n'ont d'autre titre pour les obtenir que le Pactole qui coule à leurs pieds; surtout purifiez vos mains de toutes ces souillures que la passion de l'or aurait pu y imprimer. Du moment que les classes moyennes, si influentes et si flexibles,

(1) Le roi de Prusse vient de créer un ordre du mérite, où se trouvent admis, comme chevaliers, les hommes les plus distingués de France et d'Allemagne. J'ai dit et prouvé, je le crois, que l'ordre de la Légion-d'Honneur ne suffit pas à nos institutions (voir page 32).

s'aperçoivent que l'argent est le principe de la fortune et le chemin des honneurs, le désintéressement, la grandeur d'âme leur apparaissent comme des rêveries du temps jadis; leurs sentiments généreux s'affaiblissent et avec eux se perd le sentiment monarchique. Là où l'honneur ne règne pas en despote, il n'y a plus de monarchie.

Cette aristocratie électorale, que vous trouverez dans les classes moyennes, doit être nombreuse, car dans les gouvernements populaires la plus nombreuse est la meilleure. N'oubliez pas ces paroles de Montesquieu :

« Les familles aristocratiques doivent être peuple au-
« tant que possible; plus une aristocratie approchera de
« la démocratie plus elle sera parfaite, et elle le devien-
« dra moins à mesure qu'elle approchera de la monar-
« chie. » Il faut donc que son nombre soit en rapport avec la population éclairée du pays, et par conséquent qu'elle admette dans son sein tous ceux qui ont quelque considération dans la cité.

La plus nombreuse est la meilleure, parce que la jalousie qu'elle inspire en s'étendant s'affaiblit; elle s'affaiblit encore par l'espérance d'atteindre au but. La haine contre la noblesse ne repose que sur le dépit de ne la pas posséder.

Elle est la meilleure parce qu'elle se trouve par son nombre même dans l'impossibilité de se reconstituer en aristocratie féodale, et que la susceptibilité de la nation ne supporterait pas une noblesse féodale.

Elle est la meilleure, parce qu'avec la magistrature et l'armée, elle formera une masse imposante et dévouée à l'ordre, au maintien des institutions, et toujours prête à lutter contre les factieux.

Cette force aristocratique est indispensable, surtout dans la position où nous nous trouvons par rapport aux puissances étrangères. L'Europe ne varie pas, elle est une. En Autriche, en Prusse, en Italie, partout règne le despotisme : despotisme presque toujours modéré, et adouci, d'ailleurs, par les idées religieuses des souverains, et par l'influence que les mœurs du siècle exercent à leur insçu sur leur esprit; despotisme qui, dès lors, a pour lui peut-être plusieurs siècles encore d'existence.

Dans cet état de choses, si nous voulons contracter des alliances solides, il est indispensable que notre état politique se rapproche, par quelques points, de l'état des peuples qui nous avoisinent. Ce rapprochement, je ne l'entrevois possible que par l'hérédité de la pairie.

Sans cette transaction avec l'égalité et cet empire sur nous-mêmes, le continent passe sous le joug de l'Angleterre, nous restons isolés au milieu de l'Europe, et incessamment exposés à de nouvelles invasions. Lors même que nous aurions une antipathie pour l'aristocratie, il faudrait faire à la patrie le sacrifice de toutes ces petites inimitiés, indignes du peuple français, pour parvenir à rétablir l'équilibre de l'Europe, et pour lutter avec avantage contre le colosse qui nous presse, nous étreint de plus en plus et veut nous étouffer.

Sans doute nos jeunes générations auraient assez d'énergie pour recommencer 89; mais à quoi bon? encore des victoires, encore de vains lauriers, mais du sang, beaucoup de sang répandu, des échafauds peut-être : c'est un drame épouvantable auquel chaque siècle peut ajouter un acte, mais dont nous serons obligés indéfiniment d'attendre le dénouement, car ce serait la guerre civile, et les crimes qu'elle engendre, dont nous léguerions les remords ou la vengeance à nos derniers neveux. Nous pouvons être ainsi une nation extraordinaire, comptant plus de trophées que d'années d'existence ; nous ne serons point un grand peuple, sachant supporter tous nos frères, nous aidant de tout leur courage, sachant, enfin, marcher avec calme et persévérance vers les hautes destinées que la Providence nous a réservées. C'est à l'aristocratie que Rome dut son immortalité, et c'est depuis que nous avons détruit la nôtre que l'Angleterre marche devant nous, et ose rêver qu'elle va bientôt nous tenir sous sa puissance.

Si vous parvenez à réconstituer la société politique sur des bases solides, alors vos alliances avec le continent deviennent aussi faciles, aussi durables qu'elles présentaient auparavant d'incertitude et d'irritabilité. Alors vous vous sentez délivrés de cette oppression qui fatiguait votre poitrine haletante, et chaque jour arrêtait la liberté de vos mouvements en vous montrant l'Europe armée toujours prête à envahir vos frontières ; alors vous pouvez lever la tête avec quelque fierté, alors l'impuissance de l'Angleterre, reléguée dans son île, se révèle ; l'Algérie s'incorpore intimement à la France ; l'Égypte, sans être encore française, se meut dans notre sphère d'activité, et la traite des hommes, à l'aide d'une surveillance de toutes les nations, exercée par elles-mêmes et sur elles-mêmes, disparaît, sans avoir recours à ce honteux droit de visite, dernier vestige de l'esclavage, et réprouvé pour jamais de tout le continent.

Par cette conduite, ferme sans jactance, prudente sans faiblesse, vous montrez à l'Europe que si la modération dirige vos conseils, la peur n'a point d'accès sur votre âme, vous lui prouvez, enfin, que la monarchie fondée par le peuple, sait aussi mettre au-dessus d'elle-même la gloire de la couronne et conserver religieusement le dépôt sacré de la puissance nationale.

C'est ainsi que je comprends l'honneur dans le gouvernement constitutionnel.

DU DANGER

DE LA

PUBLICATION DES DÉBATS

DES SÉANCES DES CONSEILS MUNICIPAUX.

Il existe dans certains esprits une disposition singulière à assimiler les conseils municipaux à la chambre des députés, et à transporter à ces conseils les règles et les usages de la chambre.

C'est de là, suivant moi, que naît en grande partie le trouble et l'espèce d'anarchie qui se manifeste dans plusieurs conseils des départements.

Qu'est-ce qu'un conseil municipal? qu'est-ce qu'une chambre des députés?

La chambre des députés, en droit, est une fraction du pouvoir souverain; en fait, et en raison de son poids dans la balance gouvernementale, c'est, pendant les sessions surtout, le souverain presque tout entier. Il faut donc que les citoyens aient toute liberté pour lutter contre ce pouvoir de l'État, contre ce grand corps qui pourrait tout envahir, tout absorber, — la royauté et même le peuple. La royauté, si la chambre se constituait, comme en 93, en pouvoir révolutionnaire; le peuple, si, parvenant par sa puissance à dénaturer insensiblement les institutions du pays, elle les faisait dériver vers un état de choses proscrit par toutes nos révolutions. Il en serait ainsi, par exemple, si une chambre, foulant aux pieds l'égalité des partages, consacrée par notre code immortel, rétablissait le droit d'aînesse.

Il faut donc, je le répète, toute liberté aux écrivains de saisir le public de toutes les questions qui se rattachent à la chambre, de s'opposer à ses usurpations, et même dans le cas où il y a abus dans la lutte, c'est peut-être un mal nécessaire. — Les grands fleuves ravagent leurs bords de temps à autre, et on n'a jamais imaginé de détourner leur cours pour éviter ces désastres.

Un conseil municipal, au contraire, est, ou plutôt (pour m'exprimer d'une manière qui soit plus en rapport avec les faiblesses humaines), un conseil municipal doit être une réunion d'hommes prudents, calmes, modérés, administrant avec sagesse les deniers de la commune, s'occupant avec ardeur de tout ce qui peut intéresser le développement de son commerce, préparant dans le présent les succès de son avenir, et enfin, lorsque des circonstances graves se présentent, donnant à leurs concitoyens l'exemple du dévouement, exposant même leur vie dans les calamités publiques, pour leur porter secours et appui. — C'est ainsi que je conçois un conseil municipal.

Quant à la politique, elle ne peut, elle ne doit pas entrer dans le conseil, d'abord parce que la loi s'y oppose, et, en outre, parce que la raison, plus encore que la loi, l'indique.

En effet, la politique est compagne inséparable des passions les plus vives; et si quelquefois c'est en soulevant les passions que l'on parvient à gouverner un peuple avec gloire, ce n'est pas avec elles qu'on administre les deniers d'une commune et qu'on protége ses intérêts.

La loi a si bien reconnu ces vérités, que, dans son art. 28 (loi de 1831), elle a dit :

« Toute délibération d'un conseil municipal, portant sur « des objets étrangers à ses attributions, est nulle de plein « droit. »

Et dans son article 29 (loi de 1837) :

« Les séances des conseils municipaux ne sont pas pu- « bliques; leurs débats ne peuvent être publiés officiel- « lement qu'avec l'autorisation de l'autorité supérieure. »

Quels ont été les motifs du législateur pour s'opposer à ce que les séances fussent publiques, et même pour vouloir que leurs débats ne pussent être publiés qu'officiellement ?

Dans son rapport à la séance de la chambre des pairs du 19 mars 1835, M. Mounier disait :

« Votre commission a été d'avis que la publicité des « débats des conseils municipaux aurait pour effet de « rendre les discussions plus vives, plus difficiles et plus « longues; d'engager les conseillers à chercher à flatter « les passions du dehors, plutôt qu'à s'éclairer sur l'affaire « soumise à leur examen, et que ces inconvénients évi- « dents ne seraient compensés par aucun avantage réel. « — Elle vous propose, en conséquence, d'énoncer for- « mellement que les débats ne seront point publiés. »

Dans la séance du 27, M. Mounier dit encore :

« Un retranchement a été fait (par la chambre des dé- « putés) à l'article 27 du projet que vous avez voté. Cet « article interdisait la publicité des séances des conseils « municipaux et la publication de leurs débats. — C'est

« cette dernière interdiction qui ne figure plus dans le « nouveau projet.

« Votre délibération récente sur la même question, « dans son application aux conseils généraux et aux con- « seils d'arrondissement, nous faisait un devoir de l'y ré- « tablir.

« Nous n'abuserons donc pas de vos moments, en vous « retraçant les arguments employés des deux côtés; il « nous suffira de faire observer que les inconvénients qui « ont fait rejeter la publication des délibérations des con- « seils généraux, prennent encore plus de force quand il « s'agit des conseils municipaux.

« Les conseils municipaux se rassemblent bien plus « souvent, siégent bien plus long-temps; ils sont appelés « à prononcer sur une multitude de questions d'intérêt « local ou même d'intérêt privé.

« On comprend quelle source de rivalités, de divisions, « d'inimitiés, jaillirait de la publication des opinions des « différents membres. »

On dirait que M. Mounier, pénétrant dans l'avenir, devinait les orages des conseils municipaux des départements.

Enfin, à la chambre des députés, M. Gaillard de Kerbertin s'exprimait ainsi :

« La publication n'est demandée que pour satisfaire la « vanité de certains membres qui se font *les orateurs éter-* « *nels* des conseils municipaux.

« En leur accordant cette petite satisfaction, ne faut-il « pas prendre garde aussi de blesser des hommes très- « utiles, qui apportent au conseil le tribut de leur ex- « périence, mais qui n'ont pas le talent de parler beaucoup « pour ne rien dire, ou pour dire peu de choses?

« Si vous autorisez la publication, chacun aura le désir « de figurer dans cette espèce de compte-rendu ; les dis- « cussions se prolongeront et n'auront plus de fin ; chaque « membre revendiquera l'honneur de faire sa petite pro- « position, pour qu'elle soit insérée dans la publication « des débats.

« C'est ainsi que les conseils municipaux perdront en « discussions oiseuses un temps qu'ils pourraient employer « dans l'intérêt de la commune.

« Cependant on ajoute qu'il est impossible d'empê- « cher la divulgation des débats ; j'en conviens.......... « chaque membre pourra faire connaître son opinion ; mais « il y a, de là à la publication des débats, une distance « immense. »

« C'est pour empêcher les abus que je viens de signaler, « et pour conserver cependant un remède quelquefois « utile, que je prie la chambre d'adopter mon amende- « ment, portant que la publication des séances des con- « seils municipaux ne pourra avoir lieu qu'avec l'auto- « risation du préfet.

Les adversaires de cette disposition répondaient à ces objections par des raisons d'une haute importance.

« Je ne comprends pas, disait le rapporteur à la « chambre des députés, les terreurs qu'on exprime.

« J'avoue que, pour mon compte, je ne désirerais pas « que cette publicité *fût d'un usage constant et habituel* ; « je crois qu'elle aurait pour résultat de dénaturer le ca- « ractère des délibérations du conseil municipal ; qu'il « serait fâcheux que cette publicité habituelle vînt ainsi « donner à quelques amours-propres le désir de se pro- « duire, et remplaçât une discussion froide et impartiale

« par tout ce que les passions pourraient y mettre de vi-
« vacité. »

Le rapporteur, quoique contraire à l'amendement, comme on va le voir, est d'accord avec M. Mounier et M. de Kerbertin sur les mauvais effets de la publicité constante et habituelle des débats.

« Mais, ajoute-t-il, il y a une multitude de circons-
« tances dans lesquelles il est utile que la publication
» puisse avoir lieu; la loi ne peut pas l'interdire d'une ma-
« nière absolue; la loi ne peut pas surtout la mettre à la
« disposition du préfet, en lui donnant un véto sur les
« délibérations du conseil municipal. . . . .
« Il y a une raison principale qui s'oppose à ce que toute
« disposition qui sera proposée produise un résultat effi-
« cace; c'est le texte même de la loi sur l'organisation
« municipale, dont un article porte que « toutes les déli-
« bérations des conseils sont déposées à la mairie, et que
« tout citoyen a le droit d'en prendre connaissance. »

« Eh bien! je le demande aux honorables membres qui
« s'opposent à la publication, comment empêcher que
« ceux qui ont le droit d'aller prendre communication de
« la délibération du conseil municipal, ne la publient, ne
« la portent ainsi, par le moyen de l'impression, à la con-
« naissance de tous les citoyens? »

De tout ceci que résulte-t-il?

Il en résulte de bien graves enseignements. — Le plus grave, c'est qu'avec la nature de notre gouvernement constitutionnel, avec ce principe de liberté absolue qui le tourmente incessamment, quelque sages, quelque vraies que soient les idées d'ordre et de conservation, elles sont obligées de s'annihiler devant la puissance souveraine de la presse. Tous les motifs exprimés par les nobles pairs sont frappants de vérité, sondent l'avenir et le mettent à nu; mais à côté de ces motifs apparaît une force vivace, envahissante, qui étreint l'ordre public dans ses bras d'airain, et réduit aussitôt en poussière tous les calculs de prudence et de modération que la sagesse humaine essaie de lui opposer.

Qu'en résulte-t-il encore?

C'est qu'en prenant l'opinion du rapporteur de la chambre des députés comme représentant celle de la majorité des deux chambres, on reconnaît que presque tous les députés se sont accordés sur ce point essentiel:

« Que la publicité, si elle était d'un usage constant et « habituel, aurait pour résultat de dénaturer le caractère « des délibérations; qu'il serait fâcheux que cette publi- « cité vînt donner à quelques amours-propres le désir de « se produire, et qu'on remplaçât une discussion froide « et impartiale par tout ce que les passions pourraient y « mettre de vivacité. » — Or, qu'arrive-t-il dans le plus grand nombre des départements? précisément tous les inconvénients signalés dans les deux chambres; la publicité dénature le caractère des délibérations. D'où vient tout le mal? de ce que je disais en commençant: on veut assimiler un conseil municipal à la chambre des députés, et transporter à ces conseils les règles et les usages de la chambre. L'amour de la publicité égare les hommes les plus honorables d'ailleurs, et ils croiraient la commune compromise dans ses intérêts les plus chers, si elle ne retentissait pas du bruit des séances.

Quand on est arrivé à cette pensée qu'il y a nécessité d'un retentissement, et que des idées d'amour-propre et de vaine gloire peuvent se mêler, même à notre insçu, à des fonctions qui doivent être toutes d'abnégation de soi-même et de dévouement à la chose publique, la faiblesse humaine s'expose sur un sentier glissant, et l'homme le plus sage dévie alors bien facilement des voies de la justice.

N'y a-t-il aucun moyen de parvenir à concilier la liberté avec l'ordre, la paix des citoyens avec la publicité des séances ? Et faut-il donc laisser transformer en une arène de gladiateurs politiques la chambre modeste d'un conseil municipal ?

—

Avant de rechercher les moyens d'obvier au mal existant, il est nécessaire de se fixer sur quelques objections qu'on peut me présenter.

Vous prétendez, dira-t-on, qu'il y a utilité de remédier au désordre que produit la publication des séances ? mais les législateurs, dans les discours que vous avez rapportés, ont prévu le danger, et la loi, dans son texte, est venue en appui à l'ordre public, qui aurait pu être compromis par une publicité infidèle ou mensongère. D'abord l'art. 29 porte : « Les débats ne pourront être publiés officiel-« lement qu'avec l'autorisation de l'autorité supérieure. » Ainsi, point de publication officielle sans l'autorisation de l'autorité ; par conséquent, point d'abus possible.

Des membres du conseil ou des journalistes feront-ils une publication non officielle ? ils se trouveront alors soumis aux lois générales sur la presse. S'il y a injure, s'il y a diffamation, le ministère public a son action en répression ; la société est saisie du délit dans la personne des jurés ; la société est donc suffisamment garantie contre les abus dont vous faites tant de bruit.

Répondons à ces deux objections :

Faire une loi avec les législateurs de nos jours, avec deux chambres composées d'éléments si divers, n'est pas chose facile. La majorité des députés ne voulait pas de prohibition absolue ; la très-grande majorité des pairs en voulait une. On s'est obstiné ; la loi a été balottée plusieurs fois du palais du Luxembourg au palais Bourbon ; enfin, les deux pouvoirs, reconnaissant la nécessité d'une loi, même imparfaite, ont fini par se faire des concessions mutuelles, et c'est de guerre lasse qu'on est tombé d'accord sur l'art. 29 : aussi se ressent-il des douleurs de son enfantement.

La disposition est imparfaite ; car elle veut que les séances ne soient pas publiques ; elle veut que l'autorisation soit nécessaire pour les publications officielles, et elle garde le silence sur les publications non officielles, qui seules offrent du danger.

Elle est imparfaite, parce qu'elle contient une prescription qui n'a pas de sanction, et toute loi sans pénalité pouvant être impunément violée, il eut mieux valu garder le silence. Nous ne sommes plus dans ces siècles où il suffisait au législateur d'exprimer ses préceptes, pour que la vénération des peuples leur fût assurée.

Il est à craindre qu'elle reste imparfaite, parce que tout citoyen ayant en France le droit de publier son opinion sur les thèses gouvernementales les plus élevées, à plus forte raison, ne peut-on fermer la bouche à un conseiller municipal, et lui dire : Vous seul serez esclave au milieu d'hommes libres.

Son imperfection, d'ailleurs, ne tient-elle pas à l'essence même des principes de notre gouvernement?

La liberté de tout dire, de tout écrire étant la base de notre édifice politique, toutes les parties de cet édifice sont forcées de subir les conditions inhérentes à cette base.

Chose singulière! et qui confirme ce que je viens d'avancer.

La disposition de l'art. 29, qui dit: « Les séances des conseils municipaux ne sont pas publiques, » n'a pas besoin de sanction pour être exécutée; car les Français n'ont pas le droit de tout faire; il y a ici une loi de police et de sûreté qu'on ne pourrait violer impunément; mais toutes les prohibitions qu'on imaginera pour empêcher de divulguer ce qui se passe au conseil seront choses vaines; car les citoyens ont le droit de tout dire et de tout écrire, sauf l'action en diffamation, qui atteint la licence, mais n'altère pas le droit.

J'arrive ainsi à la seconde objection. Que voulez-vous de plus? me dira-t-on. L'action en injure, en diffamation, est réservée au conseil; qu'il l'intente! et certes, la justice des jurés ne manquera pas à leurs concitoyens offensés.

Ressource illusoire et bien dangereuse pour la paix de la cité! En effet, sans diffamer dans le sens de la loi, on peut mentir habilement; on peut taire avec adresse, dans le compte-rendu des séances, ce qui pourrait nuire à une opinion qu'on veut faire triompher. S'agit-il, par exemple, d'une dépense dont on demande la réduction? on appuiera fortement sur les motifs qui peuvent déterminer cette réduction; mais on se gardera bien de parler des raisons principales qui décident la majorité à maintenir la dépense.

On insinuera d'abord que cette majorité ne veille pas

avec soin aux intérêts qui lui sont confiés; on jettera légèrement du doute sur la moralité des membres du conseil et sur la probité de l'administration; on fera ainsi germer peu à peu dans le cœur de la population laborieuse cette pensée, que les hommes qu'elle a investis de sa confiance n'en sont peut-être pas dignes. Bientôt les rapports s'éloignent, les liens se brisent, l'harmonie cesse entre le peuple et ses magistrats. Une calamité publique vient-elle frapper tout-à-coup la commune? un mouvement populaire se déclare-t-il? le conseil veut agir; mais il n'a plus d'action sur les masses; le peuple ne l'écoute pas, le peuple se rit de ses efforts impuissants; et ces tristes événements peuvent s'accomplir sans diffamation dans le sens de la loi. C'est le poison lent de la presse; il tue, et ne laisse pas de traces.

Mais supposons une diffamation caractérisée; supposons que l'on publie en tous lieux que la majorité du conseil dilapide la fortune publique, et jette l'argent des contribuables à la tête de ses amis; le conseil pourra-t-il, et quand il le pourrait, devra-t-il poursuivre devant les tribunaux la réparation de cette insulte? Non.

D'abord, lorsqu'un corps constitué est diffamé, le ministère public ne peut avoir d'action sans une plainte du corps même. Quels tristes débats vous allez soulever dans le sein même du conseil, uniquement pour savoir s'il y a lieu d'agir! Les inculpations seront peut-être d'une haute gravité, on reconnaîtra la nécessité d'une poursuite; mais combien d'hommes honnêtes et timorés, redoutant de se voir arracher à leur calme intérieur, ne pourront se résoudre à prendre une résolution énergique! Admettons cependant que la majorité du conseil se décide à formuler une plainte, les voilà donc, ces hommes honorables de la cité, obligés de se présenter devant les jurés; engagés dans la lutte, il faut qu'ils réussissent, et quel succès que celui qui consiste à obtenir la condamnation d'un de leurs concitoyens, peut-être d'un de leurs collègues! A leur air triste, fatigué du rôle de plaignant, qui ne sied bien qu'au ministère public, je me demande tout d'abord, à l'ouverture des débats, s'ils sont accusateurs ou accusés; mais s'ils succombent, si l'éloquence de l'avocat entraîne le jury, dans quelle position un verdict d'acquittement va-t-il placer cette majorité?

Qu'arrivera-t-il? Le lendemain du jugement, la diffamation pourra recommencer; elle recommencera, n'en doutez pas, avec plus d'énergie, car elle se sera fortifiée de l'impunité; il faudra donc une nouvelle plainte, des poursuites incessantes!

Considérez comme tout-à-coup le conseil se trouve jeté hors des voies paisibles et modestes de son institution; un conseil qui ne doit être qu'une réunion de famille ne s'occupant que de la cité et de ses intérêts, le voilà disputant sur des injures, lancé dans des procès successifs, et s'agitant sur les marches du palais! Quels sont donc les citoyens qui voudraient être conseillers à pareil prix?

Enfin, considérons ce qui s'est passé à la chambre des députés depuis sa création. Quelles que soient les injures proférées contre elle, elle a presque toujours reculé devant des poursuites; deux fois seulement elle a usé de rigueur. Les calomnies ont-elles cessé? N'est-ce pas la plus grande preuve de l'inutilité et même du danger d'une action en diffamation?

Il faut donc, malheureusement pour l'ordre social, compromis, il faut arriver à ce triste résultat : il n'y a pas de loi qui empêche de publier *non-offic iellement* les séances d'un conseil et de les dénaturer. Il n'est peut-être pas au pouvoir du législateur d'en faire une bonne. Quant à l'action en diffamation, elle serait plus dangereuse que le mal même; ainsi, par la toute-puissance et les abus de la presse, de cette presse qui, pour arriver à la liberté, commence par la licence la plus effrénée, les conseillers municipaux seront livrés sans défense à toutes les attaques, à à toutes les inculpations que des ennemis de la paix publique pourront imaginer.

Tâcher d'apporter un remède au mal qui existe est donc une recherche utile. Mais le conseil peut-il agir de lui-même? Sans doute; tout corps constitué a le droit de prendre les mesures nécessaires à sa conservation et au respect qui doit l'environner.

Si l'influence s'attache quelquefois aux seuls attributs de la puissance; pour un conseil municipal, sa force est uniquement dans sa réputation de dévoûment et de probité; sa probité avant tout, c'est la loi de son existence.

J'ai démontré que la disposition de la loi de 1837 n'avait pas de sanction, et que même il n'y avait pas de lois qui missent les conseils municipaux à l'abri des attaques et des calomnies de la presse. Ensuite j'ai prouvé que, si l'on avait recours à l'action en diffamation, les résultats de cette poursuite seraient plus dangereux que le mal même; mais j'ai ajouté que les conseils municipaux puisaient, dans le fait de leur constitution légale, un droit de conservation qui leur permettait de prendre les mesures nécessaires pour obvier aux abus existants.

Recherchons donc quelles sont ces mesures.

De quoi se plaignent les conseils municipaux? de ce que les publications qui se font sans caractère officiel n'offrent aucune garantie, et de ce que tout ce qui se passe dans les séances est altéré et dénaturé.

En attendant que cet état de choses fixe l'attention du législateur, que doivent désirer, que peuvent obtenir ces conseils? — Une publication fidèle et vraie. — C'est là le mot qui tranche la question. — C'est par des publications mensongères que l'on cherche à détruire les majorités; éclairons le public par une publication officielle. — Le seul moyen d'atteindre ce résultat est de remplacer les procès-verbaux à peu près insignifians que l'on rédige par des procès-verbaux détaillés, contenant les motifs principaux des décisions, et que le maire adresserait aux journalistes.

Abordons tout de suite les objections.

Vous avez signalé, me dira-t-on, les inconvénients graves qui résultent de la publicité, et comme moyen d'en paralyser les effets désastreux, c'est la publicité absolue que vous réclamez : il y a quelque chose d'inconséquent dans ce système. — C'est une erreur.

Je regarde comme un malheur politique la publicité appliquée aux conseils municipaux; mais c'est un fait légal qu'il faut savoir accepter, et puisque le législateur n'a pas pu ou n'a pas su empêcher ce fait qui aura sur l'avenir de la France de si grandes conséquences, tâchons au moins de combattre la publicité par la publicité même, et détruisons par elle les résultats fâcheux d'une publication mensongère.

Cette publicité et cette indépendance absolue des communes pouvaient être utiles en présence d'une aristocratie fortement constituée, ou du despotisme de la royauté; mais lorsque deux révolutions successives ont passé le niveau sur les têtes et foulé aux pieds tous les puissants de la terre, il y a, dans la publicité des discussions des communes, constituées ainsi en petite chambre de députés, un élément perpétuel de liberté qui, en se combinant avec les vanités locales, doit produire un jour une perturbation dans le pays. Un pouvoir sans contre-poids dérive nécessairement vers la démocratie.

Sans pairie héréditaire, et sous des rois désormais entourés des liens constitutionnels, la publicité des séances est plus qu'un mal local et accidentel, elle contient le germe d'une révolution.

Si les communes comprennent bien leur position, elles n'ont plus aujourd'hui, ainsi que je l'ai dit précédemment (1), qu'à se prémunir contre elles-mêmes, et qu'à enchaîner autant que possible cet esprit de turbulence et de vanité qui, en dominant peu à peu ceux qu'elles ont élus comme mandataires, les entraînerait elles-mêmes dans les plus grands désordres.

Ainsi, je suis loin d'abandonner la pensée première que j'ai émise sur le danger de la publicité des séances, mais j'ajoute aussitôt qu'en présence d'une fausse publicité, d'une publicité mensongère, la seule ressource qui reste aux hommes modérés qui se trouvent encore dans les conseils municipaux, c'est une publicité vraie, c'est une publicité tout officielle.

(1) Page 68 de ce volume.

Cette objection écartée, je rentre dans les dispositions générales des lois sur les conseils municipaux, et le texte et l'esprit de ces lois vont se trouver en harmonie parfaite avec le moyen proposé.

Tout citoyen, d'après l'article 25 de la loi de 1837, a le droit de prendre à la mairie communication des procès-verbaux.

Or, ce n'est pas seulement pour avoir connaissance des résolutions du conseil qu'on a autorisé cette communication. Les décisions prises par trente-six membres ne sont-elles pas publiques en vingt-quatre heures? Le législateur a pensé que le procès-verbal relaterait les motifs des décisions, et que les citoyens se trouveraient ainsi en mesure d'apprécier le plus ou le moins de mérite et de sagesse des résolutions du conseil. — C'est là le véritable esprit de la loi, basé sur la nature de nos institutions.

Il y a plus, l'article 29 de la même loi, en disant :

« Les débats pourront être publiés officiellement, » suppose également que le procès-verbal fera mention des motifs sur lesquels reposent ces décisions.

En effet, qu'entend le législateur par cette expression « les débats? » évidemment les moyens invoqués de part et d'autre à l'appui des opinions diverses soutenues par les membres du conseil. Or, la loi, en reconnaissant que les débats peuvent être publiés officiellement, consacre, par ces expressions, l'existence indispensable d'un procès-verbal renfermant les débats.

Je prévois qu'on va me dire : Mais, avec votre système, les fonctions de secrétaire seront très-pénibles, aucun membre ne voudra les accepter, les procès-verbaux seront d'une longueur interminable. Ces difficultés d'exécution m'arrêtent peu ; je les écarterai facilement, et d'ailleurs elles disparaîtront avec un peu de dévoûment à la chose publique. — Ce que je recherche avant tout, c'est l'esprit de la loi, c'est de savoir si ma proposition est en harmonie avec l'intention manifestée par le législateur. — Or, cela me paraît de toute évidence, puisque d'un côté il reconnaît aux citoyens le droit de prendre connaissance des procès-verbaux ; que d'un autre côté les débats, et non pas seulement les décisions, peuvent être publiés. — Il est donc bien clairement établi par la loi même que le procès-verbal doit être détaillé. Mais les procès-verbaux seront d'une longueur interminable : ce serait une erreur de le croire.

Il y a un assez grand nombre de questions qui ne donnent lieu à aucune difficulté, et dont il suffira de mentionner la solution. Dans une séance, les débats ne s'engagent jamais que sur une ou deux questions ; le secrétaire devra donc s'attacher particulièrement à relater dans son travail les motifs exprimés sur ces questions par les différents membres, de manière à reproduire la discussion avec clarté et précision ; son procès-verbal devra être un résumé habilement fait, et si ce résumé présentait des difficultés sérieuses, rien ne s'opposerait à ce que le conseil ne renvoyât la lecture du procès-verbal à la séance suivante, qui devrait, dans ce cas, être fixée au lendemain. Dans cette hypothèse, le secrétaire aurait tout le temps nécessaire pour rédiger avec soin le procès-verbal ; sa rédaction n'est difficile que parce qu'on l'exige à l'instant même ; en effet, vouloir qu'une discussion qui dure quelquefois trois ou quatre heures soit rédigée et lue séance tenante, c'est réduire le procès-verbal à l'état de squelette, et c'est ce que la loi n'a certainement pas entendu.

Ce système admis, le maire, après avoir pris l'autorisation de l'autorité supérieure, qui a intérêt à l'accorder, adressera aux journalistes le procès-verbal officiel, et si déjà ceux-ci avaient dénaturé les actes du conseil, le public verrait de quel côté est le mensonge. — Mais les journalistes refuseront l'insertion du procès-verbal officiel... Quel est donc celui d'entre eux qui oserait refuser l'insertion d'un procès-verbal officiel déclaré tel par le conseil tout entier? — Un pareil refus deviendrait alors pour la cité entière la preuve manifeste de la volonté de nuire à la chose publique et de diffamer ses concitoyens.

Mais, s'il y a dans la séance une discussion vive, injurieuse même, le procès-verbal en fera donc mention? Sans doute, s'il se trouve des membres qui insistent pour que le public connaisse les injures qu'ils ont proférées et l'urbanité qui les distingue; et que m'importe d'ailleurs qu'un membre en colère m'injurie, si à côté de son insulte se trouvent les motifs qui ont déterminé mon vote! Mes concitoyens pèseront ma conduite avec l'accusation, et j'ai foi dans leur bon sens.

Ma proposition offre encore d'autres avantages: d'abord c'est de forcer les membres des conseils municipaux à mettre plus de mesure dans la discussion; car, sachant que ce qui se passe au conseil sera publié avec un caractère officiel, ils redouteront de se voir ainsi traduits devant leurs concitoyens.

Un avantage non moins grand, c'est d'obvier à un genre tout nouveau de déconsidération dont on cherche à frapper les conseillers municipaux. Depuis quelque temps, on relève dans les journaux les anciennes décisions, on les critique, on les dénature. A moins de réclamer tous les jours, et d'être continuellement en guerre, il n'y a pas possibilité, sans procès-verbaux détaillés, de répondre à toutes ces accusations. Mais s'il existait un procès-verbal officiel, comme les motifs des décisions s'y trouveraient relatés, il suffirait, aux termes de la loi, de forcer le journaliste à insérer la partie du procès-verbal relative à l'acte ancien qu'il attaque pour déjouer la calomnie.

Mais, dira-t-on encore, en admettant que le conseil municipal décide, conformément à votre système, que dorénavant les procès-verbaux seront détaillés et publiés officiellement, qui paiera ces frais d'impression? Il y a malheureusement, et toujours dans les choses d'ici-bas, une misérable question d'argent qui vient troubler les plus beaux rêves. Je réponds d'abord que les journalistes de province ont sans doute trop d'esprit public, pour ne pas imiter leurs collégues de la capitale, qui insèrent avec empressement, et pour le plaisir des lecteurs, les séances de la chambre des députés. Mais, admettons que la publication officielle forme une légère dépense pour la commune, c'est une dépense inévitable; car, avant tout, et lorsqu'une commune choisit des mandataires, il faut bien qu'elle puisse apprécier la manière dont le mandat a été rempli.

Lors même que des opinions divergentes se manifesteraient sur le mode que je propose, ces opinions devraient, dans les circonstances actuelles, faire taire leur opposition et se réunir vers un centre commun.

En effet, il est clair, pour l'observateur attentif, qu'une foule de communes sont travaillées par un esprit de désordre ; il y a un germe de désorganisation que la presse développe et entretient avec délices.

Prenons-y garde, ces attaques, ces mensonges, ces diffamations, à l'aide desquels on cherche à atteindre d'honorables citoyens, ne sont pas la pensée d'un homme, d'un journaliste quel qu'il soit, c'est un système qui se développe.

Dégoûter les hommes paisibles, les éloigner peu à peu des affaires publiques, essayer de les déconsidérer pour s'opposer avec plus de facilité à leur réélection, voilà le moyen qu'on a déjà signalé ; mais le but, c'est d'arriver à une révolution quelconque. Cette pensée d'une révolution nouvelle, les agitateurs la caressent, elle fait l'objet de leurs plus intimes entretiens, ils la rêvent avec passion, et la réchauffent dans leur sein jusqu'à ce qu'elle puisse s'en échapper triomphante ; or, le moyen le plus sûr de voir luire cet heureux jour, c'est d'avoir la majorité dans les conseils municipaux.

C'est ainsi qu'à la première révolution les hommes qui dirigeaient le mouvement, une fois maître des communes, n'eurent plus qu'à proclamer la république.

Ici j'éprouve le besoin d'exprimer toute ma pensée, pour qu'elle se détache nettement de toute personnalité : certes, si je crains qu'un jour les époques ne se ressemblent, je ne compare pas les hommes. Une opposition sage est d'ailleurs nécessaire dans le gouvernement représentatif. Mais après cette déclaration franche, on me permettra de dire que ces honorables opposans, et beaucoup d'autres plus prononcés, seront, si des événemens révolutionnaires éclatent, à la remorque d'hommes de parti plus habiles qu'eux, et dont ils recevront la direction au moment décisif.

Un moment arrivera où ils voudront se détacher de ces hommes, mais il ne sera plus temps; ou ils seront obligés de courber le front et de subir la condition humiliante de leur alliance, ou ils succomberont avec les victimes. C'est ainsi encore qu'en 93 les honnêtes gens, novateurs modérés, se débattaient en vain pour amortir les coups que l'on portait à des innocents, et ne savaient que périr avec eux.

Ces considérations se rattachent essentiellement au sujet que je traite. En effet, la conduite d'un conseil municipal dans certaines circonstances, son influence locale, tiennent beaucoup à sa composition; or, les choix, au moment des élections, ne peuvent être sages qu'autant que la déconsidération publique ne s'est pas attachée aux actes des anciens conseillers. Il est donc indispensable de veiller sur l'avenir, et de prendre d'avance les mesures nécessaires pour empêcher qu'on ne dénature les actes du conseil et qu'on n'altère journellement les motifs de ses décisions.

Dans l'état où nous sommes, et puisqu'il n'y aurait pas d'autre mode répressif qu'une action en diffamation, que je repousse, le seul moyen qui me paraisse pouvoir, sinon guérir, du moins paralyser le mal, c'est une publication vraie, sincère et officielle (1).

(1) Dans une note, page 69, de ce volume, nous avons dit, que le secrétaire de la mairie devrait être autorisé par la loi à être présent aux séances pour rédiger le procès-verbal ; mais ici nous raisonnons avec la loi qui nous régit.

www.ingramcontent.com/pod-product-compliance
Ingram Content Group UK Ltd.
Pitfield, Milton Keynes, MK11 3LW, UK
UKHW012222240726
13966UKWH00003B/907

9 782011 770479